ARBEITSGEMEINSCHAFT FÜR FORSCHUNG
DES LANDES NORDRHEIN-WESTFALEN

GEISTESWISSENSCHAFTEN

153. SITZUNG
AM 26. NOVEMBER 1969
IN DÜSSELDORF

ARBEITSGEMEINSCHAFT FÜR FORSCHUNG
DES LANDES NORDRHEIN-WESTFALEN

GEISTESWISSENSCHAFTEN

HEFT 162

GÜNTER STRATENWERTH

Leitprinzipien der Strafrechtsreform

HANS SCHULTZ

Kriminalpolitische Aspekte der Strafrechtsreform

HERAUSGEGEBEN
IM AUFTRAGE DES MINISTERPRÄSIDENTEN HEINZ KÜHN
VON STAATSSEKRETÄR PROFESSOR Dr. h. c. Dr. E. h. LEO BRANDT

GÜNTER STRATENWERTH

Leitprinzipien der Strafrechtsreform

HANS SCHULTZ

Kriminalpolitische Aspekte der Strafrechtsreform

SPRINGER FACHMEDIEN WIESBADEN GMBH

ISBN 978-3-663-00755-5 ISBN 978-3-663-02668-6 (eBook)
DOI 10.1007/978-3-663-02668-6

Ursprünglich erschienen bei Westdeutscher Verlag GmbH, Köln und Opladen 1970

Inhalt

Leitprinzipien der Strafrechtsreform

Von *Günter Stratenwerth,* Basel

Der deutsche Bundestag hat am Ende der vergangenen Legislaturperiode zwei Gesetze zur Reform des Strafrechts verabschiedet, die – wenn sie, wie geplant, bis Ende 1973 in vollem Umfang in Kraft treten – unser nun fast genau einhundert Jahre altes Strafgesetzbuch zum Teil erheblich verändern, zum Teil ersetzen werden. Damit ist nach jahrzehntelangen Bemühungen ein wesentlicher Schritt auf dem Wege zur Gesamtreform des Strafrechts gelungen. Er beschränkt sich allerdings ganz überwiegend noch auf den Allgemeinen Teil des Strafgesetzbuchs, also auf die Regeln der strafrechtlichen Zurechnung und auf das System der strafrechtlichen Sanktionen. Die nicht minder wichtige Reform des Strafvollzugsrechtes, von der die praktische Tragweite der beschlossenen Änderungen auf weite Strecken abhängt, steht hingegen noch in den Anfängen. Vom Besonderen Teil, der Beschreibung der einzelnen Deliktstypen, ist die Reform des politischen Strafrechts bereits im vergangenen Jahr vorweggenommen worden; einige als dringlich empfundene Korrekturen hat auch das 1. Reformgesetz angebracht, wie die Aufhebung der Strafvorschriften bei homosexuellen Handlungen unter Erwachsenen und bei Sodomie. In der Hauptsache aber ist die Reform insoweit noch zu leisten.

In dieser Situation, gewissermaßen auf halbem Wege, erscheint es mir als sinnvoll, einmal herauszutreten aus der Diskussion von Einzelregeln und auf die Grundpositionen zurückzufragen, fremde und eigene, die hier im Spiel sind. Es ist das ein Akt der Selbstvergewisserung, ein Versuch, den Ort zu bestimmen, an dem man steht, den Weg zu überprüfen, den man eingeschlagen hat. Die Auseinandersetzung, die in den Jahrzehnten um die Jahrhundertwende über Sinn und Zweck des Strafrechts geführt worden ist, der Streit zwischen der klassischen und der modernen Schule, bestimmt die Fronten in der Strafrechtswissenschaft bis zur Gegenwart, jedenfalls in der Kriminalpolitik. Ich habe den Eindruck, daß die Frontlinien heute wesentlich anders gezogen werden müssen, daß wir vielfach noch in überholten oder falschen Alternativen befangen sind. Die folgenden Überlegungen sind ein Versuch, das zu verdeutlichen. Nicht konkrete Reformfragen also sollen zur Sprache kommen, sondern, sehr allgemein, die Prinzipien, mit deren Hilfe sie gelöst werden oder zu lösen sind. Im Rahmen einer kurzen Stunde kann das freilich nur fragmentarisch geschehen. Meine Bemerkungen beschränken sich deshalb von vornherein auf zwei Aspekte. Sie betreffen zunächst den Charakter der strafrechtlichen Reaktion, ihre primäre Aufgabe im Blick auf die Alternative von Repression und Therapie, also eine Frage, die theoretisch ebenso umstritten wie, bei der Einzelausgestaltung der Sanktionen, praktisch wichtig ist. Zum anderen soll vom Verhältnis strafrechtlich geschützter Verbote und Gebote zu den in unserer Gesellschaft faktisch vorfindlichen sozialen Normen die Rede sein, also von dem Umfang, in dem solche Normen im Besonderen Teil des Strafgesetzbuches zu kodifizieren sind.

A

I.

Als die Arbeiten an der Reform des deutschen Strafrechts im Jahre 1952 wieder aufgenommen wurden, als die Große Strafrechtskommission, von 1954 an, regelmäßig zusammentrat, da wurden die Grundentscheidungen über die Gestalt des künftigen Strafrechts, die zu treffen waren, weitgehend in der Abwehr einer Denkweise gefällt, deren inhumane Konsequenzen man in den unsäglichen Verbrechen des erst jüngst vergangenen NS-Regimes aufs äußerste gesteigert sah: in der Abwehr nämlich aller Bestrebungen, den Menschen zum bloßen Objekt irgendwelcher auf Verbrechensbekämpfung gerichteter Maßnahmen zu entwürdigen, über ihn beliebig zu verfügen, ihn zu justieren und zu manipulieren, soweit nur der Zweck der Prävention den konkreten Eingriff in die Person forderte und heiligte. Man glaubte gewissermaßen, ein zweites Mal die mit dem Namen Anselms von Feuerbach verbundene Entscheidung *für* die Respektierung des Einzelnen als einer sittlichen Person vollziehen zu müssen, *gegen* den für das spätabsolutistische Denken charakteristischen Vorrang spezialpräventiver – abschreckender, bessernder oder sichernder – Einwirkung auf ihn. In der Tat haben die Vertreter der sog. modernen, inzwischen freilich auch schon wieder fast ein Jahrhundert alten Schule nicht selten Formulierungen gebraucht, die, wie man gerechterweise zugestehen muß, durchaus die Befürchtung stützen konnten, als werde hier einem Zweckdenken Bahn gebrochen, in dem der Eigenwert der Person keine Stelle mehr hätte. Wenn Franz von Liszt in seinem berühmten Marburger Programm die „Gerechtigkeit im Strafrecht“ als die „Einhaltung des durch den Zweckgedanken erforderten Strafmaßes“ definierte [1],

[1] Der Zweckgedanke im Strafrecht, in: Aufsätze und Vorträge, Bd. I, 1905, S. 161.

so mußte das als schlechterdings unannehmbar erscheinen, solange man noch den Satz: Recht sei, was dem deutschen Volke nützt, im Ohr und seine Konsequenzen vor Augen hatte. Und wenn etwa Eberhard Schmidt formulierte: „Wer ... in einem gewissenhaften Strafverfahren als ‚Verbrecher' überführt ist, dem gegenüber hat der Staat das Recht zu restloser Inanspruchnahme auch seiner Persönlichkeit, soweit das notwendig ist, um weiterer Verbrechensbegehung durch ihn vorzubeugen" [2], so schien auch damit jeglicher Eingriff in die Persönlichkeit gerechtfertigt werden zu können, der eben nur deren künftiges Wohlverhalten verbürgte. Natürlich konnte und wollte niemand den zitierten Autoren selbst auch nur von ferne inhumane Absichten unterstellen – es war die immanente Logik ihrer Konzeption, die man fürchtete. Darin liegt übrigens eine und vielleicht die wichtigste Erklärung dafür, daß die Vertreter der „modernen" Schule in der Großen Strafrechtskommission weithin auf verlorenem Posten gekämpft haben, selbst bei konkreten Einzelfragen, bei denen die weitaus besseren Argumente auf ihrer Seite waren.

Die Position, die sich demgegenüber im Entwurf 1962 durchgesetzt hat, ist zu bekannt, als daß sie hier noch einmal eingehend dargestellt werden müßte. Zu verweisen ist vor allem auf die – durchaus repräsentativen – Äußerungen von Richard Lange [3] und Hans-Heinrich Jescheck [4]. Die vom Bonner Grundgesetz für unantastbar erklärte Würde des Menschen, so wird gesagt, liege allein in seiner Fähigkeit zur Selbstbestimmung, in seiner Freiheit und Verantwortlichkeit. Ein Strafrecht, das diese Würde respektieren, den Einzelnen nicht zum bloßen Objekt staatlicher Verfügungen machen wolle, müsse ihn daher gerade in seiner Qualität als sittliche Person anerkennen, ihn – ganz im Sinne Hegels – durch die Strafe als ein Vernünftiges ehren [5]. Bezugspunkt der strafrechtlichen Sanktion kann von hier aus allein die der Verantwortlichkeit des Täters entsprechende Schuld sein, „fundamentaler Sinngehalt der Strafe" allein die Vergeltung [6] oder Sühne. Und dies nicht

2 Einführung in die Geschichte der deutschen Strafrechtspflege, 1. Aufl. 1947, S. 344; in der 3. Aufl. 1965, S. 374 fehlt in dem sonst unveränderten Satz das Wort „restloser".

3 Grundfragen der deutschen Strafrechtsreform, in: Schweizerische Zeitschrift für Strafrecht, Bd. 70 (1955), S. 373 ff.; Wandlungen in den kriminologischen Grundlagen der Strafrechtsreform, in: Festschrift zum hundertjährigen Bestehen des Deutschen Juristentages, 1960, Bd. 1, S. 345 ff.; Das Menschenbild des Positivismus und die philosophische Anthropologie unserer Zeit, in: Zeitschrift für die gesamte Strafrechtswissenschaft, Bd. 81 (1969), S. 556 ff.

4 Das Menschenbild unserer Zeit und die Strafrechtsreform, 1957; Die weltanschaulichen und politischen Grundlagen des Entwurfs eines Strafgesetzbuches (E 1962), in: Probleme der Strafrechtsreform, 1963, S. 30 ff.

5 Lange, Grundfragen, S. 381; Wandlungen, S. 359 ff.; Jescheck, Menschenbild, S. 20, 26 u.ö

6 Jescheck, Grundlagen, S. 39.

nur, damit, wie Kant gefordert hatte, „jedermann das widerfahre, was seine Taten wert sind“ [7], also nicht nur um einer abstrakten „Gerechtigkeitserwartung“ [8] willen, sondern auch und vor allem deshalb, weil allein die schuldbezogene Strafe dem Schuldigen die Möglichkeit eröffnet, sich ihr in Freiheit, aus Einsicht in ihre Notwendigkeit zu unterwerfen und damit die Schuld wirklich zu tilgen, mit sich selbst und der Gesellschaft ins reine zu kommen [9]. Gegen die Angriffe, die seit dem vergangenen Jahrhundert unausgesetzt auf die allererste Prämisse jener Position gerichtet werden, auf die Fähigkeit des Menschen zu freier Selbstbestimmung, glaubt man sich genügend abgesichert zu haben, wenn man einerseits den „weltanschaulichen“ Charakter der Frage betont [10], andererseits aber aus den Bereichen der neueren Biologie, Anthropologie, Psychologie, Soziologie, Kriminologie usw. alle Befunde und Äußerungen zusammenträgt, die darauf hindeuten, daß Anlage und Umwelt den Einzelnen nicht vollständig determinieren, ihm nicht jede Wahlfreiheit nehmen, und dadurch nachzuweisen sucht, daß sich nicht die Anhänger, sondern die Gegner des Schuldstrafrechts dem Vorwurf aussetzen, hinter ihrer Zeit zurückgeblieben, nämlich einem längst überholten naturalistischen Positivismus verhaftet zu sein [11].

Man kann, um sich mit dieser Grundauffassung auseinanderzusetzen, das Problem der Willensfreiheit beiseite lassen – es ist, wie sich zeigen wird, unter dem Gesichtswinkel der Strafrechtsreform fast schon belanglos – und getrost von der Fähigkeit des Menschen ausgehen, sich an Sinn und Wert zu orientieren. Die eigentliche Frage beginnt erst dort, wo man die Bedingungen und Möglichkeiten freier Selbstbestimmung für den *konkreten* Menschen in seiner *konkreten* sozialen Situation näher aufzuklären unternimmt. Freie Selbstbestimmung: davon kann noch *keine* Rede sein, wo der Einzelne nur die Möglichkeit sieht, sich unbegriffenen und unbegreifbaren obrigkeitlichen Verfügungen widerstrebend zu unterwerfen, noch keine Rede dort, wo man sich nur der nackten physischen Gewalt beugt oder doch dem rationalen Kalkül, daß der Preis, den eine Normverletzung fordern würde, zu hoch ist. Selbstbestimmung, so sagt die idealistische Tradition, fordert die Einsicht in die innere Berechtigung der Norm, fordert die Selbstbindung an das Gesollte, motiviert durch die Legitimität der Sollensforderung. Eine Anerkennung sittlicher Schuld ist ohne solche Einsicht ganz unvollziehbar und ebenso wirkliche, vom Schuldigen selbst erbrachte Sühne. Will das Strafrecht den Ein-

[7] Werke (ed. Weischedel), Bd. IV, S. 455.
[8] Jescheck, Menschenbild, S. 13.
[9] Lange, Grundfragen, S. 377; Wandlungen, S. 361; Jescheck, Menschenbild, S. 23 f.
[10] Jescheck, Grundlagen, S. 38 f.
[11] Jescheck, Menschenbild, S. 15 ff.; Lange, Wandlungen, S. 367 ff.

zelnen ernstlich als sittliche Person nehmen, so muß es auf der Möglichkeit einer so präzisierten freien Selbstbestimmung beharren. Dann aber sieht es an der Realität vorbei.

Was auf den Anklagebänken und vor allem in den Strafanstalten vorherrscht, ist bekanntlich *nicht* der Typ des hinreichend gebildeten, sozial angepaßten und daher geachteten, mit sich und der Welt einigermaßen im Einklang lebenden Bürgers, von dem man noch am ehesten die Fähigkeit erwarten sollte, autonom zu handeln [12]. Das große Kontingent jedenfalls der habituellen Straftäter wird von Menschen gestellt, die am Rande der Gesellschaft oder als Außenseiter leben, deren geistige Fähigkeiten meist ungenügend entwickelt und deren berufliche Möglichkeiten vielfach dürftig sind, von Menschen, die vielleicht nie erfahren haben, was die Zuwendung eines anderen bedeutet, und deshalb kaum soziale Bindungen eingehen können, die man, weil schon die Familie, aus der sie kommen, schwer belastet war, womöglich von früher Jugend an in Heimen und Anstalten herumgestoßen hat, mit einem Wort: von Menschen, die durchweg in mehr als einer Hinsicht zu kurz gekommen sind. Diese Straftäter, denen die rechtliche Ordnung dort, wo sie mit ihr in Konflikt geraten, als eine gerade *gegen* sie gerichtete Veranstaltung erscheinen muß, diese Täter darauf behaften zu wollen, daß sie fähig seien, die entsprechenden Normen nicht nur als faktisch verfügte, sondern als innerlich berechtigte zu begreifen, heißt ihre Außenseiterposition verschärfen, indem man sie ignoriert. Es dürfte durchaus entbehrlich sein, hier die sozial- oder individualpsychischen Zwänge näher zu schildern, die den Spielraum der Freiheit, sich zum rechtlich Gesollten zu bestimmen, bis zur Aufhebung einschränken können, und ihr Verhältnis zum traditionellen Katalog der Gründe ausgeschlossener oder verminderter Zurechnungsfähigkeit zu untersuchen. Denn was ich sagen möchte, ist nur dies: daß die Redeweise von der Berufung und Befähigung zu sittlicher Selbstbestimmung entweder verstanden werden kann als eine abstrakte Aussage über das Wesen „des“ Menschen schlechthin. Dann besagt sie nur, daß jedermann die Freiheit habe, sich an Normen zu binden, die *er* als legitim zu begreifen vermag; diese Normen aber stimmen keineswegs notwendigerweise mit denen des positiv gesetzten Rechts überein. Will man dagegen auch dem Straftäter, sofern er nur zurechnungsfähig ist, ausnahmslos die *aktuelle* Fähigkeit zur autonomen Anerkennung gerade der *rechtlichen* Ordnung zusprechen, so muß man sich über alle Erfahrung hinwegsetzen. Zwischen dem abstrakten,

[12] Daran ändert sich auch dadurch nichts, daß – wie Hellmer, Kriminalitätsentwicklung und -abwehr in der Demokratie, 1969, gezeigt hat – die Gruppe der Gelegenheits- und Zufallstäter gegenwärtig erheblich zunehmen dürfte. Diese Täter werden zumeist durch einmalige, regelmäßig zur Bewährung ausgesetzte Strafen genügend beeindruckt.

zur Rechtfertigung des Schuld- und Vergeltungsprinzips dienenden Bekenntnis zur Würde der Person einerseits und der Realität staatlichen Strafens andererseits besteht deshalb ein geradezu anstößiges Mißverhältnis. Man muß nur einmal den entsprechenden Verurteilten, der die Strafe als Sühne auf sich nimmt, im Vollzug zu schildern unternehmen, wobei ich hier um so schärfer formulieren kann, als meine eigenen früheren Auffassungen mitbetroffen sind [13]: eine Persönlichkeit, die in ihrer sittlichen Anstrengung höchsten Respekt verdient, die Zeit der Haft in Sühnehaltung verharrend, auch über Jahre hinweg, und schließlich geläutert die Strafanstalt verläßt, erhobenen Hauptes nach vollendeter Bußleistung. Das klingt wie eine bösartige Parodie – weil wir alle wissen, daß kaum ein anderer Ort so sehr wie das Zuchthaus oder Gefängnis dazu angetan ist, menschliche Würde zu zerbrechen. Schon Marx hat gegen Hegel den Einwand erhoben: eine Straftheorie, welche zugleich im Verbrecher den Menschen anerkenne, könne dies nur in der Abstraktion, in der Einbildung tun, eben weil die Strafe, der Zwang dem *menschlichen* Verhalten widersprächen [14].

Die Realität ohne alle Beschönigung zur Kenntnis zu nehmen, ist freilich nicht nur ein Gebot intellektueller Redlichkeit. Es muß vielmehr auch und gerade um der menschlichen Freiheit willen geschehen, die man im Straftäter achten will. Diese Freiheit unter Berufung auf abstrakte Wesenseigentümlichkeiten des Menschen schlichtweg als gegeben vorauszusetzen, bedeutet bei einem Großteil nichts anderes, als daß man ihn faktischer Unfreiheit ausliefert, sie häufig sogar noch steigert. Und umgekehrt: Das Bekenntnis zur Freiheit wird erst dann praktisch, wenn man faktische Unfreiheit als solche anerkennt und zu beheben unternimmt [15]. Wenn tiefgreifende Persönlichkeitsstörungen beim habituellen Straftäter in aller Regel Ursache der Kriminalität sind, dann ist nicht daran zu zweifeln, daß ein solcher Täter praktisch niemals in der Lage sein wird, mit seinen Problemen fertigzuwerden, wenn alles, was wir ihm an Hilfe anbieten, in der Aufforderung besteht, die Internierung in der Strafanstalt zwecks Wiedergewinnung der sittlichen Freiheit als verdientes Übel zu begreifen. In dem Moment aber, in dem wir auch nur zugestehen, daß der Täter Mühe haben könnte, eine Lebensform zu finden, die ihn nicht mit dem Gesetz in Konflikt bringt, daß man ihm helfen muß,

[13] Schuld und Sühne, in: Evangelische Theologie, 1958, S. 337 ff.

[14] Marx – Engels, Werke, Bd. 2, S. 190.

[15] Ein höchst seltsamer Widerspruch ist es deshalb, wenn Autoren, die gerade ein freiheitliches Menschenbild zu verteidigen meinen, mit Genugtuung auf fehlgeschlagene Versuche verweisen, die Kriminalitätsrate bei Jugendlichen, die in Slum- oder Gettobezirken aufgewachsen sind, durch soziale Betreuung zu vermindern (Lange, Grundfragen, S. 385; Wandlungen, S. 370) – als beweise der Fehlschlag die „Freiheit" der jugendlichen Täter und nicht vielmehr das außerordentliche Ausmaß der Zwänge, die sich hier auswirken!

den Zwängen zu entgehen, die ihn zum Delikt bestimmen: in diesem Moment ist nicht mehr die abstrakte Freiheit, sondern die konkrete Unfreiheit der Ausgangspunkt der strafrechtlichen Einwirkung. Dann können Bemühungen um die Sozialisation oder Resozialisation des Straftäters nicht länger als Maßnahmen erscheinen, die man aus humanitären Gründen menschlicher Schwäche zugesteht, sondern dann müssen solche Bemühungen gerade als Erfüllung einer wesentlichen Aufgabe des Strafrechts gesehen werden: auch dem Straftäter zur Fähigkeit gesetzeskonformer Selbstbestimmung und damit zu einem menschenwürdigen Dasein zu verhelfen. Daß allein dies – nämlich das Bestreben, kriminogene Faktoren so früh wie möglich und so weit wie möglich auszuschalten oder unter Kontrolle zu bringen – *auch* im Hinblick auf den rationalen Zweck der Verbrechensbekämpfung einzig als sachgerecht erscheint, sei hier nur am Rande vermerkt.

Sieht man die Dinge so, dann wird deutlich, daß die dem Entwurf 1962 vorangehende Diskussion im Banne einer falschen Alternative gestanden hat: so, als bedeute die Wahl zwischen einem Schuld- und Vergeltungsstrafrecht einerseits und einem sozialtherapeutischen Maßnahmenrecht andererseits eine Entscheidung darüber, ob man die Würde des Menschen als sittlicher Person anerkennen oder ihn als bloßes Objekt behandeln, „unter die Gegenstände des Sachenrechts" mengen [16] wolle. Sozialtherapie muß eben keineswegs bedeuten: äußerliche Justierung, Manipulation oder Korrektur, sondern meint, wenn recht verstanden, Hilfe zur Selbstbestimmung, Befreiung von äußeren und inneren Zwängen, die ins Delikt treiben, den Versuch also, die Freiheit des Einzelnen allererst zu schaffen, die ein Maßnahmenrecht angeblich mißachtet. Die wahre Alternative lautet demgegenüber – nochmals sei es gesagt – dahin: ob man die Freiheit des zurechnungsfähigen Straftäters, sich zum rechtlich Gesollten zu bestimmen, als fraglos gegeben voraussetzen und ihn gerade deshalb vielfach in faktischer Unfreiheit belassen oder aber ob man, wo nötig, von seiner Unfreiheit ausgehen und in der freien Selbstbestimmung das Ziel sehen will, auf dessen Verwirklichung alle Anstrengung gerichtet sein muß.

II.

Wie immer man die Ergebnisse bisheriger kriminologischer Forschung einschätzen mag – niemand, der sie kennt, kann leugnen, daß zwischen bestimmten individualpsychologischen und sozialen Faktoren oder Prozessen einerseits und der Art und Häufigkeit von Straftaten andererseits Korrelationen

[16] Kant, Werke (ed. Weischedel), Bd. IV, S. 453.

bestehen. Das Verbrechen hat Ursachen, mögen diese nun in der Person des Täters oder in gesellschaftlichen Verhältnissen oder in beidem zugleich liegen. Seit der Mitte des 19. Jahrhunderts ist daher immer wieder der Schluß gezogen worden, unsere eigentliche Aufgabe sei nicht die zu strafen, sondern eben: jene Ursachen der Kriminalität zu beheben. Repräsentativ in der neueren deutschsprachigen Literatur ist dafür etwa die Schrift von Fritz Bauer „Das Verbrechen und die Gesellschaft" (1957) oder der von Carl Nedelmann edierte Sammelband „Kritik der Strafrechtsreform" (1968). Hier wird mehr oder minder strikt gefordert, das offizielle Reaktions- und Schutzsystem ethisch zu neutralisieren [17], eine im weitesten Sinne des Wortes verstandene Therapie an die Stelle der Repression zu setzen, also eine Ordnung zu schaffen, die auf Hilfe statt auf Strafe zielt [18]. Man könnte meinen, daß genau diese Folgerung auch von der hier an idealistischen Positionen geübten Kritik aus unabweisbar sei. Wiederum jedoch liegen die Dinge komplizierter.

Wenn man alles, was wir über mögliche Ursachen des Verbrechens wissen, zusammenfaßt und auf den gröbsten gemeinsamen Nenner bringt, so wird man sagen können: daß jedenfalls *keine* monokausale Erklärung mehr wissenschaftliche Geltung beanspruchen kann. Das Verbrechen läßt sich ausschließlich weder auf Erbanlagen noch auf Umweltbedingungen oder -einflüsse zurückführen, allein weder biologisch noch tiefenpsychologisch oder soziologisch deuten. Offensichtlich handelt es sich um eine außerordentliche Vielfalt von Faktoren, die hier im Spiel sind, und zwar auf jeweils verschiedene Weise. Für das Problem der Kriminalität gibt es, soviel ist sicher, keine Patentlösung: Die Mannigfaltigkeit kriminogener Konstellationen fordert ein nicht minder reiches Arsenal an Gegenmaßnahmen; vielen kriminalitätsfördernden Sachverhalten ist vorerst überhaupt nicht oder doch nicht in überschaubaren Zeiträumen beizukommen. Auch von gesellschaftlichen Veränderungen darf man keine Wunder erwarten. Gewiß wird man etwa Friedrich Engels zugestehen, daß die Verbrechen gegen das Eigentum dort von selbst wegfallen, „wo jeder erhält, was er zur Befriedigung seiner natürlichen und geistigen Triebe bedarf, wo die sozialen Abstufungen und Unterschiede" beseitigt sind [19]. Die Schwierigkeit liegt in der Prämisse: Selbst wenn der Weg der Menschheit in die klassenlose Gesellschaft führen sollte, werden nicht *alle* natürlichen und geistigen Triebe uneingeschränkt befriedigt werden können, so daß, mag auch die *Gestalt* des Verbrechens wechseln, die Erscheinung als solche noch nicht verschwinden würde. Soweit wir aber nicht imstande sind, Kriminalität wirksam in ihren Ursachen zu bekämpfen, wer-

[17] Bauer, a.a.O., S. 194.
[18] Nedelmann, a.a.O., S. 54.
[19] Marx – Engels, Werke, Bd. 2, S. 542.

den andere als sozialtherapeutische Maßnahmen die Reaktion auf das Verbrechen sein müssen, Akte der Repression, wie immer man sie nennen mag.

Ein zweiter Gesichtspunkt, schon wiederholt geltend gemacht und deshalb hier nur noch einmal anzudeuten, tritt hinzu. So wahr es ist, daß jedenfalls heute in den Strafanstalten der Typ des faktisch unfreien Täters vorherrscht, so wahr ist es andererseits auch, daß es das Verbrechen aus „Freiheit" gibt. Die Frage der Willensfreiheit kann dabei wiederum offenbleiben. Mit „Freiheit" ist hier allein die Abwesenheit von Zwang gemeint: das Handeln aus Antrieben und Motiven, deren der Täter von sich aus sollte Herr werden können, ohne eine andere „Hilfe" zu brauchen, als den energischen Hinweis auf die Unkosten kriminellen Verhaltens. Der rücksichtslose Autofahrer wird im allgemeinen ebenso in diese Kategorie gehören wie viele White-collar-Delinquenten, deren allzu ausgeprägter Erwerbssinn die Grenzen zulässiger ökonomischer Ruchlosigkeit überschreitet. Auch hier scheint eine repressive Antwort unentbehrlich, eine Strafe im traditionellen Sinne des Wortes (was nicht heißt, daß es sich um eine Freiheitsstrafe handeln muß: ein Fahrverbot oder eine empfindliche Geldstrafe können unter Umständen dieselben oder bessere Dienste tun). Natürlich kann man, um die Einheit des Prinzips formal zu retten, sagen, daß solche Strafe gerade unter therapeutischen Gesichtspunkten geboten, daß sie ein Akt der Sozialisation sei. In der Sache aber wäre damit die Alternative von Therapie statt Repression bereits verlassen.

Das mögen freilich verhältnismäßig periphere Einwände sein. Die prinzipielle Frage wird erst gestellt, wenn man auf den inneren Zusammenhang von Norm und Sanktion zurückgeht. Soziales menschliches Leben ist ohne Regeln, die es ordnen, schlechterdings undenkbar, jedenfalls außerhalb der allerengsten Beziehungen. In der Akzeptation gemeinsamer Verhaltensnormen wird der menschliche Sozialverband geradezu erst begründet[20]. Man mag glauben, eines Tages eine Gesellschaft ohne Zwang oder Gewalt verwirklichen zu können, – es wird auch das eine *normierte* Gesellschaft sein müssen. Normen aber, das ist ein analytischer Satz, enthalten ein Moment der Wertung. Sie geben an, wie gehandelt oder nicht gehandelt werden soll, sie besagen, welches Verhalten geboten oder erlaubt und welches verboten ist. Daß sich mit dem normwidrigen Verhalten ein Unwertakzent verbindet, ist also unvermeidlich, ja sogar identisch mit der Feststellung: daß es normwidrig sei. Nicht weniger elementar ist die Verknüpfung zwischen der Norm und der Sanktion. Normen beanspruchen Verbindlichkeit; auch das ist schon gesagt,

[20] Vgl. Noll, Die Normativität als rechtsanthropologisches Grundphänomen, in: Festschrift für Engisch, 1969, S. 125 ff.

wenn man von Geboten oder Verboten spricht, also mehr als eine beliebige Anregung oder eine Mitteilung über faktische Regelmäßigkeiten meint. Und die Verbindlichkeit wiederum fordert die Sanktion.

Solche Sanktion braucht nun gewiß nicht in äußerem Zwang zu bestehen. Eines der elementarsten menschlichen Bedürfnisse ist bekanntlich auf die Akzeptation und Anerkennung durch andere gerichtet; wir brauchen sie als Bestätigung dafür, daß das, was wir tun, nicht ganz falsch und nicht ganz sinnlos ist. Wo die etablierte Gesellschaft solche Akzeptation versagt oder ihrerseits nicht akzeptiert wird, tritt die Außenseitergruppe an ihre Stelle, die Subkultur der Strafanstaltsinsassen, der Rauschgiftsüchtigen, der jugendlichen Bande usw. Soziale Akzeptation aber hängt weitgehend von normkonformem Verhalten ab, verbindet eben doch vielfach erst die Gemeinsamkeit der Wertmaßstäbe die Einzelnen zur Gruppe. Es ist daher nicht mehr als selbstverständlich, daß normwidriges Verhalten auf der anderen Seite als primäre – und innerhalb einer geschlossenen Gruppe wirksamste – Sanktion den Entzug von Akzeptation und Anerkennung auslöst, bis hin zur Ächtung als der radikalsten Form. Das Unwerturteil, das dem normwidrigen Verhalten gilt, schlägt also notwendigerweise auf die Person zurück, mindert den Status, den sie in der die Norm tragenden sozialen Gruppe genießt, und damit die Integration in diese Gruppe.

Es ist in unserem Zusammenhang von höchster Bedeutung, daß alles dies nun auch im umgekehrten Sinne gilt: Wo die Sanktion, zumindest in Gestalt entsprechender Verurteilung, ausbleibt, verliert die Verhaltensregel ihren normativen Charakter. Wie die Soziologie weiß, läßt sich das Abklingen einer normativen Forderung gerade daran ablesen, daß ihre Verletzung immer seltener mit Sanktionen beantwortet wird, bis nach einem Übergangsstadium der Unsicherheit schließlich die völlige Freigabe eintritt [21]. Die Normgeltung ist auf den Vollzug von Sanktionen angewiesen. Sanktionen nicht verhängen heißt die Geltung einer Norm in Frage stellen und endlich aufheben. Essentieller Bestandteil der Sanktion aber ist nicht äußerer Zwang oder gar physische Gewalt, sondern eben: das Unwerturteil über das normwidrige Verhalten. Von hier aus gesehen, leidet die Forderung, ein wert-*neutrales* strafrechtliches Schutz- und Sanktionensystem zu schaffen, an einem unheilbaren inneren Widerspruch. Man kann ein bestimmtes Verhalten nicht einerseits als normwidrig bezeichnen und andererseits generell auf die Repression dieses Verhaltens verzichten wollen. Das Angebot von Hilfe, so notwendig es beim Straftäter auch sein mag, ist allein eben *keine* Sanktion, keine spezifische Reaktion auf die Normwidrigkeit, und damit nicht geeignet,

[21] Popitz, Soziale Normen, in: Europäisches Archiv für Soziologie, Bd. 2 (1961), S. 195 f.

generell an die Stelle der repressiven Strafe zu treten. Jeden, der für die Beibehaltung von Strafen eintritt, als Anhänger traditionellen Vergeltungsdenkens zu verketzern (wie es etwa bei Nedelmann [22] unter teilweise geradezu unsinniger Fehlinterpretation des Alternativ-Entwurfs oder von Äußerungen seiner Verfasser geschieht), erweist sich demzufolge nur als eine der zahllosen ideologischen Verkürzungen der Wahrheit, mit denen man es auf diesem Felde rechts *und* links fortwährend zu tun bekommt [23].

III.

Ziehen wir aus den bisherigen Überlegungen ein erstes Résumé, so zeigt sich, daß es keine Zauberformel gibt, mit deren Hilfe sich der alte Konflikt zwischen spezialpräventiven und generalpräventiven Zielsetzungen im Strafrecht schlichten ließe [24]. Was einem in seinen sozialen Bindungen ohnehin gefährdeten Täter nachteilig sein, ihn endgültig in eine Außenseitergruppe abdrängen kann, das Unwerturteil über sein Verhalten und damit doch auch über ihn selbst, ist auf der anderen Seite nicht generell entbehrlich, wo Normen behauptet werden sollen. Und die unter spezialpräventiven Gesichtspunkten gebotene therapeutische Maßnahme, wie etwa eine ambulante psychiatrische Behandlung, kann als eine Vergünstigung erscheinen, die, wäre sie die einzige Folge normwidrigen Verhaltens, als Aufforderung zu Straftaten wirken müßte. Das führt zu dem höchst ernüchternden Schluß, daß das System der strafrechtlichen Reaktionen nicht einseitig auf Repression oder ein-

[22] A.a.O., S. 61 ff.

[23] In der während des Druckes dieser Ausführungen erschienenen Schrift von Richard Lange, Die Krise des Strafrechts und seiner Wissenschaften, o. J. (1970), findet sich ein weiteres bezeichnendes Beispiel. Der Alternativ-Entwurf hat vorgeschlagen, bei vielfach rückfälligen Tätern einen intensiven Resozialisierungsversuch in einer besonderen sozialtherapeutischen Anstalt zu unternehmen, bevor man zu dem letzten Mittel der Sicherungsverwahrung greift. Das veranlaßt Lange zu der Behauptung, im Alternativ-Entwurf lebe „verspätet noch die Auffassung fort, als sei der chronische Täter eo ipso ein Kranker" (S. 31). Gestützt wird diese Behauptung auf die angebliche Diskussionsbemerkung eines Mitverfassers des AE: Die Annahme, es gebe kalt berechnende Berufsverbrecher, sei inhuman (S. 32). In Wahrheit hatte die Bemerkung gelautet: Es sei inhuman, einen bestimmten Täter als kalten Berufsverbrecher abzustempeln, bevor man in der sozialtherapeutischen Anstalt einen Versuch der Resozialisierung unternommen habe. Daß dies etwas *entscheidend* anderes besagt, bedarf wohl keiner Erläuterung.

[24] Das gilt auch für den Versuch von Maihofer, Menschenbild und Strafrechtsreform, in: Universitätstage 1964, S. 5 ff., Individualschuld und „Sozialschuld" zu trennen und strafrechtlich allein nach der Gesellschaftsschuld zu fragen: Der „persönliche gesellschaftliche Lebensweg" des Täters „in der Lebenswelt, aus der er kommt", ist – sofern man den tiefenpsychologischen Aspekt einbezieht – wenn überhaupt, so jedenfalls nicht im Strafverfahren aufzuklären. Die kriminalpolitischen Vorschläge von Maihofer (a.a.O., S. 19 ff.) knüpfen denn auch durchaus nicht an jene Sozialschuld an.

seitig auf Therapie festgelegt werden darf, sondern im praktischen Ausgleich beider zu entwickeln ist. Die Frage kann nicht sein, *ob* man einen Kompromiß zu schließen hat, sondern nur, wie er aussehen soll.

Die begrenzte Zeit, die mir zur Verfügung steht, gestattet nicht, diesen Kompromiß genauer zu erörtern. Ich möchte mich deshalb auf einige allgemeine Bemerkungen beschränken. Wenn die strafrechtliche Reaktion auf normwidriges Verhalten nach dem Gesagten zwei Bedingungen erfüllen, nämlich einerseits auf die Ursachen der Kriminalität zielen und andererseits das rechtliche Unwerturteil über das Delikt zum Ausdruck bringen muß, zwei Bedingungen, die – wie gesagt – einander widersprechen können, so liegt die Versuchung nahe, sich, auf die eine oder andere Weise, mit einer Aufgabenteilung zu helfen. Verschiedene Lösungen sind denkbar. Erstens könnte man erwägen, die eigentliche Sanktion auf den richterlichen Schuldspruch als solchen zu beschränken, alle anderen Deliktsfolgen aber ausschließlich an präventiven Notwendigkeiten zu orientieren. Diese Lösung wäre insofern die weitaus sympathischste, als sie uns jeder Pflicht entheben würde, Zwang zu anderen als zu therapeutischen Zwecken zu üben. Sie ist indessen undurchführbar. Denn die im Schuldspruch liegende Sanktion kann nur innerhalb einer geschlossenen Gruppe und nur gegenüber dem voll integrierten Mitglied genügen; sie berührt den Außenseiter wenig oder gar nicht. Deshalb führt kein Weg daran vorbei, dem Strafgedanken Einfluß auch auf den *Inhalt* der strafrechtlichen Maßnahme einzuräumen, wenigstens insoweit, als man ihr prinzipiell *belastenden* Charakter zu geben hat. Nur eine scheinbare Lösung bedeutet auf der anderen Seite die von Noll entwickelte Formel, die repressive Funktion der Strafe sei mit der Mißbilligung des Rechtsbruchs und des Rechtsbrechers erfüllt, jeder weitere Inhalt müsse von der Prävention bestimmt werden [25]. Denn die Frage ist gerade die, wie die Strafe beschaffen sein muß, um Mißbilligung zum Ausdruck zu bringen. Dazu genügt es offensichtlich nicht, daß man die strafrechtliche Maßnahme als „Strafe" etikettiert, auch wenn sie rein therapeutischen Charakter hat. Eine Funktionsteilung dahingehend aber, daß über das Übel, das dem Täter auferlegt wird, wie etwa über Dauer und Maß der Freiheitsentziehung, allein unter repressiven Gesichtspunkten zu entscheiden, dem Gedanken der Therapie oder der Spezialprävention also allein im Vollzug Raum zu geben wäre, stünde in direktem Widerspruch zu dem Bemühen, schon die Auswahl der Sanktion möglichst weitgehend spezialpräventiv zu orientieren. Die erforderlichen Kompromisse sind also komplizierter. Keine Billigung würde endlich ein System verdienen, das der Strafe ausschließlich

[25] Die ethische Begründung der Strafe, 1962, S. 17 ff.

repressiven, der Maßregel ausschließlich spezialpräventiven Charakter gäbe. Denn mindestens dies dürfte heute als Ergebnis langer Diskussionen über die Doppelspurigkeit und nach aller praktischen Erfahrung außer Frage stehen, daß eine ausschließlich auf Repression absehende Strafe die Kriminalität geradezu fördern kann, während eine belastende bessernde oder sichernde Maßregel zugleich repressive Wirkung auszuüben vermag. So bleibt es denn bei der Notwendigkeit, den Ausgleich therapeutischer und repressiver Aufgaben der strafrechtlichen Reaktion in nüchterner Auswertung empirischer Befunde, in rationaler Diskussion der Besonderheiten von Delikts- und Tätergruppen, in differenzierten Lösungen zu suchen, die sich jeder doktrinären Verallgemeinerung entziehen. Als generelle Richtlinie mag man noch den Grundsatz formulieren, daß so viel Therapie wie möglich und nur so viel Repression wie nötig geübt werden sollte. Der Rest ist Arbeit am Detail.

B

Die zweite Grundfrage einer Reform des Strafrechts, die hier zur Sprache kommen soll, betrifft den Umkreis und die Auswahl der sozialen Normen, an deren Verletzung eine strafrechtliche Reaktion geknüpft wird. Es geht hier um die Gesichtspunkte, die für die Umschreibung des im einzelnen verbotenen Verhaltens, der Deliktstypen im Besonderen Teil des Strafgesetzbuches, maßgebend sein sollten. Insoweit steht die Diskussion freilich noch in den Anfängen, erst in neuerer Zeit gefördert durch soziale Veränderungen und Wandlungen des Allgemeinbewußtseins, die nun um so gebieterischer Anerkennung verlangen, als der Entwurf 1962 sich ihnen fast völlig verschlossen, mitunter sogar entgegenzustemmen versucht hat. Was eine Auseinandersetzung jedoch schwierig macht, ist der Umstand, daß über die Grundpositionen, die hier im Spiel sind, noch weitaus weniger Klarheit besteht, eben mangels zureichender Reflexion, als etwa bei dem in die Antike zurückreichenden Streit der Straftheorien.

I.

Das zeigt sich auch dort sehr deutlich, wo die Kritik am Besonderen Teil des Entwurfs 1962 im Namen rationaler Analyse bislang unreflektierter Fraglosigkeiten auftritt. Charakteristisch ist in dem schon zitierten Bande „Kritik der Strafrechtsreform" die Arbeit von Peter Thoss „Zum Verhältnis von Kern und Grenzen der Reform besonders der Vermögensdelikte" [26].

[26] A.a.O., S. 66 ff.

Hier findet sich ein höchst temperamentvolles Plädoyer für eine Aufklärung des ideologischen Hintergrundes, auf dem wir Gesetze formulieren, für die Angabe von Gründen, warum ein von uns für strafwürdig erachtetes Verhalten mit Strafe bedroht werden soll [27]. Insoweit freilich sind Meinungsverschiedenheiten kaum denkbar: Daß, wer immer für den Zustand der Strafgesetze mitverantwortlich ist, sich darüber Rechenschaft geben muß, ob sie sachlich gerechtfertigt sind, wird niemand bestreiten wollen. Erst bei der Frage nach der *Qualität* der Gründe, die hier zu fordern sind, beginnen die Differenzen.

Thoss formuliert seine Grundthese dahin, daß wir, seit sich Strafrecht nicht mehr auf die Autorität von Instanzen außerhalb der Gesellschaft gründen könne, darauf angewiesen seien, die Strafbarkeit menschlichen Verhaltens selbst aus den gesellschaftlichen Verhältnissen zu begründen. Das aber könne „nur eine wissenschaftliche Arbeit leisten, welche jene Voraussetzungen menschlichen Zusammenlebens erforscht, die unbedingt des Schutzes einer staatlichen Sanktion bedürfen“ [28]. Gefordert wird „ein anderes Selbstverständnis der Disziplin Strafrecht“, die sich auf die im letzten Jahrhundert überhaupt erst entstandenen, die Probleme der Gesellschaft erforschenden Wissenschaftszweige stützen müsse, anstatt sich auf die Intuition, den vielgerühmten gesunden Menschenverstand beim Erfassen gesellschaftlicher Sachverhalte zurückzuziehen. „Mit der Einsicht in die modernen Grenzen des Strafrechts vollzöge sich“, so heißt es, „eine späte Säkularisation, die als einzigen Souverän die Gesellschaft ernst nimmt und Strafrecht allein an deren Realität orientiert“ [29].

Es wäre wohl nicht sehr fair, gegen die anspruchsvollen Formulierungen dieses Programms die doch sehr bescheidenen Reformvorschläge auszuspielen, die Thoss für den Bereich der Vermögensdelikte macht: nämlich erstens, Diebstahl, Unterschlagung und Betrug straflos zu lassen, wenn sie aus Not begangen werden [30], und zweitens, die Steuerdelikte künftig im Strafgesetzbuch selbst statt in der Reichsabgabenordnung zu regeln [31], beides Vorschläge übrigens, bei denen man die erstrebte „Vielfalt wissenschaftlicher Argumente aus anderen Disziplinen als der Rechtswissenschaft“ [32] durchaus vermißt. Das Programm, so scheint mir, ist besser als diese Probe auf seine Ausführung. Das Mißverhältnis zwischen beiden dürfte freilich alles andere als zufällig sein. Wer einmal wirklich den Versuch unternimmt, auf

[27] A.a.O., S. 66 f.
[28] A.a.O., S. 70.
[29] A.a.O., S. 72.
[30] A.a.O., S. 83 ff.
[31] A.a.O., S. 88 ff.
[32] Thoss, a.a.O., S. 94.

die für eine Reform wesentlichen Fragen eine wissenschaftlich verläßliche Antwort zu erhalten, muß sehr bald die Erfahrung machen, daß diese Antwort auf weite Strecken zumindest *noch* nicht existiert und vielfach wohl auch nie mit zureichender Exaktheit wird gegeben werden können. Niemand weiß beispielsweise, welchen Schaden die Unzucht mit Kindern wirklich anrichten kann, weil es schon schwierig ist, diesen Schaden überhaupt definitorisch zu erfassen, noch schwieriger, ihn quantitativ zu bestimmen und den Zusammenhang etwaiger späterer Fehlentwicklungen mit dem Delikt hinreichend wahrscheinlich zu machen, und ganz unmöglich, außerdem den Anteil zu bestimmen, den die unverständige Reaktion der Eltern, wiederholte Vernehmungen des Kindes in einem Strafverfahren usw. daran haben mögen. Unter solchen Umständen bleibt kaum etwas anderes übrig als der geschmähte Rückgriff auf den gesunden Menschenverstand, der ohnehin selten im Überfluß angetroffen wird.

Auch in dieser Hinsicht ist überdies ein prinzipieller Einwand anzumelden. Thoss möchte, wie gesagt, jene Voraussetzungen menschlichen Zusammenlebens erforscht sehen, „die unbedingt des Schutzes einer staatlichen Sanktion bedürfen“ [33]. Was heißt hier „unbedingt“? Ein Blick in die Historie und die Ethnologie zeigt, daß die Formen menschlichen Zusammenlebens nahezu unbeschränkt variabel sind. Also kann es von vornherein nicht um die unmögliche Aufgabe gehen, universal gültige Voraussetzungen der Vergesellschaftung zu ermitteln, sondern nur darum, das für *unsere* soziale Ordnung zu tun. Dann aber sieht man sich sofort der Schwierigkeit gegenüber, daß auch diese Ordnung in einem beständigen Wandlungsprozeß begriffen ist. Wir können – vielleicht – wissenschaftlich feststellen, welche Normen strafrechtlich geschützt werden müssen, wenn die gegebene Ordnung Bestand haben soll, nicht aber die Vorfrage beantworten, ob die gegebene Ordnung und inwieweit sie *überhaupt* erhalten zu werden verdient. Oder anders gewendet: Wenn man aufhört, eine bestimmte Norm zwangsweise durchzusetzen, oder umgekehrt neue Strafdrohungen schafft, ändert sich die Ordnung bereits; nach welchen wissenschaftlichen Kriterien soll entschieden werden, ob die neue Ordnung besser als die alte ist, wenn beide immerhin möglich sind?

Überhaupt beruht die Redeweise von „unbedingten“ Voraussetzungen menschlichen Zusammenlebens auf der naiven Prämisse, es gebe – über die allerelementarsten Bedingungen biologischen Überlebens hinaus – schützenswerte Lebensgüter unabhängig von den jeweiligen sozialen Normen. Das wäre dann exakt jenes „überpositive Recht“, das Thoss als „exklusive

[33] A.a.O., S. 70.

juristische Vorstellung“ apostrophiert [34]. Muß man demgegenüber betonen, daß selbst bei einem so elementaren Rechtsgut wie dem menschlichen Leben Art und Umfang des strafrechtlichen Schutzes ganz und gar historisch geprägt sind? Normen schützen nicht vorgegebene Güter. Normen sind nur ein anderer Ausdruck desselben spezifischen Verständnisses „richtigen“, eigentlichen, erfüllten menschlichen Lebens, das auf der anderen Seite darüber entscheidet, welche Sachverhalte positive Wertakzente tragen und welche nicht, was ein „Gut“ ist und was keines. Normen sind, kurz gesagt, relativ auf das jeweilige Selbstverständnis des Menschen. Darüber hat uns die Naturrechtsdiskussion belehrt. Dann aber erweist sich die Forderung, „die Strafbarkeit menschlichen Verhaltens rational aus unseren gesellschaftlichen Verhältnissen“ zu begründen, als ihrerseits schwerlich rational begründbar.

Damit soll nicht gesagt sein, daß man das Strafrecht als Domäne für beliebige Bekenntnisse zu unüberprüfbaren Überzeugungen zu betrachten habe. Nur liegt es eben auch beim Rekurs auf wissenschaftliche Befunde beträchtlich schwieriger. Keinerlei Pardon verdient zweifellos eine Haltung, die sich zugunsten liebgewordener Vorurteile weigert, die Resultate wissenschaftlicher Forschung zur Kenntnis zu nehmen, oder sogar versucht, schon die Erforschung eines Sachverhalts zu unterbinden. Dafür bildet derzeit etwa die öffentliche Reaktion auf die Ausbreitung des Gebrauchs von Haschisch und Marihuana in den USA wie in Europa ein höchst aufschlußreiches Beispiel. Auf der anderen Seite können die Resultate der Wissenschaft – ganz abgesehen davon, daß sie gerade im Bereich der Anthropologie, Soziologie usw. weithin nur für diejenigen sozialen Verhältnisse Gültigkeit haben, unter denen sie gefunden worden sind – keine Anweisungen für den Gesetzgeber liefern, wenn sie nicht in ein Koordinatensystem prinzipieller Wertentscheidungen eingetragen werden, das, wie gesagt, seinerseits umstritten und wandelbar ist. Wenn der Haschisch-Genuß die Neigung, sich den Leistungsanforderungen der modernen Industriegesellschaft zu verweigern, tatsächlich fördern (und nicht nur manifestieren) sollte, so läßt ihn das als „schädlich“ eben nur erscheinen, solange man das Leistungsprinzip nicht seinerseits in Frage stellt. Kurz: so außerordentlich erwünscht jede wissenschaftliche Information sein muß, die unsere noch immer spärlichen Kenntnisse kriminalpolitisch relevanter Sachverhalte und Zusammenhänge erweitert – eine Hilfe kann sie immer nur *innerhalb* eines vorgegebenen Bezugsrahmens sein, der sich seinerseits wissenschaftlicher Begründung entzieht.

[34] A.a.O., S. 72.

II.

Damit stellt sich nun allerdings die Frage, ob und in welchem Sinne die Reform der besonderen Bestimmungen des Strafgesetzbuchs überhaupt noch als ein rationales Geschäft gelten darf. Auch für den Entwurf 1962 ist von Jescheck gesagt worden, man habe nicht an eine weltanschauliche Festlegung gedacht, sondern versucht, „eine *rationale Ordnung* aufzurichten, die auf Wirklichkeitserfahrung und unabhängigem Nachdenken beruht“ [35]. Trotzdem finden sich in der Amtlichen Begründung Formulierungen wie der inzwischen berühmt gewordene Satz, daß „die Rechtsordnung gegenüber der männlichen Homosexualität die Aufgabe“ habe, „durch die sittenbildende Kraft des Strafgesetzes einen Damm gegen die Ausbreitung eines lasterhaften Treibens zu errichten, das, wenn es um sich griffe, eine schwere Gefahr für eine gesunde und natürliche Lebensordnung im Volke bedeuten würde“ [36]. Nun mag es wiederum unfair sein, die Rationalität des Entwurfs 1962 am Sprachstil seiner der Erbauungsliteratur nachempfundenen Begründung zu messen. Ernstere Zweifel an der behaupteten weltanschaulichen Neutralität ergeben sich jedoch, wenn Jescheck selbst an anderer Stelle bemerkt, „das Bekenntnis zu bestimmten Gütern und Werten, die wir für wesentlich halten“, werde „zur Folge haben, daß ... wohl keine prinzipielle Änderung in der Beurteilung weltanschaulich umstrittener Tatbestände wie Abtreibung, Homosexualität und Ehebruch eintreten“ werde [37]. Hat man im Hinblick auf solche Entscheidungen nur noch die Möglichkeit, eine abweichende Weltanschauung vorzubringen? Oder ist auch insoweit noch eine rationale Diskussion möglich?

Man wird solche Fragen nur beantworten können, wenn es gelingt, die Grundhaltung deutlicher zu formulieren, die der Entwurf 1962 zu den in unserer Zeit in unserem Gemeinwesen faktisch vorfindlichen Sittennormen einnimmt. Diese Haltung läßt sich teilweise zwar nur indirekt erschließen. Aber soviel dürfte doch klar sein, daß der Entwurf 1962 die doppelte Tendenz hat, Sittennormen in eben der Gestalt, die sie im allgemeinen Bewußtsein haben, grundsätzlich als legitim anzuerkennen und dort, wo sie umstritten sind, die als strenger, man möchte sagen: als sittlich besser erscheinende Fassung zu kodifizieren. So ist es wohl zu verstehen, wenn Jescheck für ein „kraftvolles Strafrecht“ eintritt, „das sittliche Werte kennt und anerkennt, die Existenz und Verbindlichkeit sittlicher Pflichten voraussetzt und dem Volke wie einen Spiegel das Bild seines besseren Selbst vor Augen

[35] Grundlagen (oben Anm. 4), S. 31; kursiv im Original.
[36] Bundestagsdrucksache IV/650, S. 377.
[37] Menschenbild (oben Anm. 4), S. 9.

führt"[38]; so wohl auch, wenn man sich anheischig macht, als „weltanschaulich umstritten" bezeichnete Fragen trotz des Bekenntnisses zu weltanschaulicher Neutralität zu entscheiden, und zwar im Sinne der Beibehaltung angegriffener Strafnormen; so endlich, wenn gesagt wird, es sei „vielleicht nur eine gewisse Auslese des Volkes ..., die die gegenwärtige Wertordnung bestimmt", aber „die Pflicht des Staates ..., diese Ordnung zu einem Zeichen für alle zu erheben"[39].

Das Charakteristikum dieser Grundhaltung ist die im Grunde nicht weiter reflektierte Überzeugung, daß die Sittennormen, so wie wir sie in unserer historischen Situation antreffen, ihren guten Sinn haben werden, selbst dort, wo solcher Sinn rational nicht zu fassen ist, daß die Sittenordnung folglich keiner Änderung bedarf, sondern allenfalls der Ergänzung im Hinblick auf neue Entwicklungen wie die künstliche Insemination beim Menschen oder die Erschließung der Atomenergie, und im übrigen energischer Verteidigung gegen Auflockerungs- und Auflösungstendenzen, gegen steigende Immoralität. „Die Tragik, die auf dem Schicksal so mancher Menschen" laste, heißt es einmal bei Jescheck mit Bezug auf die Problematik der Homosexualität, könne „nicht durch ein Nachgeben im Bereich des Strafrechts aufgehoben werden"[40]. Hier scheint mir wiederum das Erbe des deutschen Idealismus spürbar zu sein, ein Bekenntnis zum Staate als der Wirklichkeit der sittlichen Idee ausgesprochen zu werden. Die vorfindliche Sittenordnung wird als der individuellen Freiheit unverrückbar vorgegeben gedacht: Der Einzelne kann sich aus Einsicht an solche Ordnung binden und darin seine Freiheit verwirklichen, er kann sich ihr widersetzen und damit der Unfreiheit und Willkür verfallen, aber seine Freiheit hat keinen Ort, von dem aus sie selbst über die sittliche Ordnung richten könnte. Daß die Freiheit sich in der Hingabe an das Allgemeine, Überindividuelle verwirklicht, daraus wird – mit anderen Worten – offenbar gefolgert, daß der Widerspruch gegen das Allgemeine, ins allgemein Anerkannte ermäßigt, stets Willkür sein müsse. Von hier aus ist es dann nur konsequent, angeblicher „Aushöhlung der staatlichen Substanz", die „auf vielen Gebieten unseres öffentlichen Lebens mit Sorge" beobachtet werden müsse, die These entgegenzustellen, es sei „primäre Pflicht des Einzelnen ..., der Gemeinschaft als Glied des Ganzen zu dienen"[41], und ebenso konsequent, der Gewissensentscheidung des Überzeugungstäters jegliche Anerkennung zu versagen[42].

[38] Menschenbild, S. 8.
[39] Jescheck, a.a.O., S. 8 f.
[40] Menschenbild, S. 9.
[41] Jescheck, Grundlagen, S. 37 f.
[42] Jescheck, Menschenbild, S. 11; Grundlagen, S. 32.

Diese Position läßt sich mit rationalen Gründen nicht in der Weise angreifen, daß man zu rationaler Begründung aller strafrechtlich geschützten Normen auffordert. Gewiß wird eine solche Begründung für Straftatbestände wie den der Homosexualität unter Erwachsenen oder der Sodomie (§§ 216, 218 E 1962) schwerlich gegeben werden können, außer in zirkelhaften Wendungen etwa des Inhalts, die Tat sei „lasterhaft" oder verletzte „aufs schwerste die Menschenwürde" des Täters selbst [43], was allemal nur deshalb zutrifft, weil sie normativen Vorstellungen zuwiderläuft, und nicht schon deshalb, weil sie „widernatürlich" ist. Indessen endet die Rationalität aller unserer Begründungsversuche an normativen Prämissen; das zeigte sich bereits in der Auseinandersetzung mit der Position von Thoss. Zuweilen bleibt überhaupt nur noch die Feststellung übrig, daß man das pönalisierte Verhalten entschieden mißbillige, wie, um ein besonders deutliches Beispiel zu nennen, bei der Tierquälerei. Hier führt keine Erklärung, die man für die Strafbarkeit geben kann, über das kulturbedingte, rational nicht ableitbare Phänomen hinaus, daß wir uns mit anderen Lebewesen in gewissen Grenzen identifizieren.

Der Mangel an Rationalität, den man einem Entwurf wie dem E 1962 vorwerfen muß, liegt anderswo. Er liegt darin, daß als Sittenordnung nur die *bestehende* Ordnung anerkannt, daß diese bestehende Ordnung kanonisiert und gar als Inbegriff „einfacher Sittlichkeit" ausgegeben wird. Er liegt darin, daß die Freiheit, die Selbstverwirklichung der sittlichen Person, von vornherein beschränkt wird auf die autonome Bindung an diese im Staat wirklich gewordene „Sittlichkeit", an die gewissermaßen „etablierten" Normen. Er liegt, mit einem Wort, in einer Ordnungsvorstellung und einem Freiheitsbegriff, denen diejenige Dimension fehlt, auf die es in einer freiheitlichen Demokratie, für die der Entwurf doch bestimmt ist, gerade ankommt. Lassen Sie mich dieses zugegebenermaßen harte Urteil wenigstens noch in Andeutungen rechtfertigen.

Setzt man bei dem Verhältnis von Rechts- und Sittenordnung an, so hat man im Grunde nur mit der theoretisch längst nicht mehr bezweifelten Einsicht Ernst zu machen, daß es nicht die Aufgabe eines freiheitlichen Staatswesens sein kann, die Sittlichkeit von Amts wegen zu verordnen. Allerdings kommt es entscheidend darauf an, *wie* man die Trennungslinie zieht. Hier hat lange die unglückselige Gegenüberstellung subjektiv-verinnerlichter Moralität und objektiv-äußerlicher Legalität das Feld beherrscht, mit der erwünschten Konsequenz zwar, daß es dem Staate verwehrt wurde, den Motiven legalen Verhaltens nachzuforschen, aber auch mit der höchst uner-

[43] Amtl. Begründung (oben Anm. 36), S. 380.

wünschten, daß es dem Staat *nicht* verwehrt wurde, sich über die sittlichen Grundsätze ganzer sozialer Gruppen hinwegzusetzen und dies unter Berufung darauf zu tun, er verlange nicht die Aufopferung ethischer Überzeugungen, sondern „nur" äußeren Gesetzesgehorsam. Praktisch folgenreicher noch für den Entwurf 1962 dürfte die – freilich nirgends expressis verbis ausgesprochene – Voraussetzung geworden sein, daß die Grenzlinie zwischen dem „ethischen Minimum", dessen Schutz dem Recht obliege, und der höheren, von Zwang freizuhaltenden Sittlichkeit vielleicht etwas mehr oder weniger „liberal", aber im Prinzip jedenfalls nicht anders gezogen werden könne als bisher, als auch im 19. Jahrhundert schon. Nur so löst sich das Rätsel, daß man von einer „Beschränkung des Strafrechts auf die Grundforderungen einfacher Sittlichkeit" sprechen [44] und praktisch im gleichen Atemzug für die Strafbarkeit etwa der einfachen Homosexualität eintreten konnte: Daß es gerade *sittlich* begründete Einwände waren, die hier auf Reform drängten, gerichtet gegen die Verketzerung einer Minorität, der niemand aus freien Stücken angehört, wurde nicht gesehen oder doch nicht eigentlich anerkannt, die geforderte Reform vielmehr als ein „Nachgeben" [45], als Ermäßigung sittlicher Forderungen, empfunden. Hier liegt, so scheint mir, der springende Punkt: Eine freiheitliche Ordnung darf prinzipiell nicht ohne Not Zweifelsfragen zwangsweise entscheiden wollen, bei denen gegensätzliche sittliche Überzeugungen aufeinandertreffen. Darauf hat vor allem Welzel immer wieder hingewiesen [46]. Sie muß sich auch der Möglichkeit öffnen, daß die Grenze zwischen elementarer und höherer Sittlichkeit nicht nur nach der einen oder anderen Seite verschoben, sondern *grundsätzlich* verlegt werden könnte: beispielsweise so, daß man die staatliche Reglementierung menschlichen Sexualverhaltens, solange niemand geschädigt wird, für entbehrlich hält. Gewiß kann sich das Strafrecht nicht von den Normen der Sozialethik lösen. Wohl aber muß es dort zurücktreten, wo diese Normen ernstlich in Frage gestellt werden; das allein entspricht der Rolle, die es in einer offenen Gesellschaft spielen darf. Ob die Erschütterung überlieferter Normen bedeutet, daß alle Moral auf Erden untergeht, oder nicht vielmehr, daß eine neue Moral die alte abzulösen im Begriff ist, darüber wird man verschiedener Meinung sein. Nur ist es sicher nicht Sache des Gesetzes, hier Partei zu ergreifen.

Damit ist im Grunde schon gesagt, inwiefern einem allein auf die bestehende Ordnung bezogenen Verständnis sittlicher Freiheit eine wesentliche Di-

[44] Jescheck, Grundlagen, S. 35.
[45] Jescheck, Menschenbild, S. 9.
[46] Vgl. besonders: Gesetz und Gewissen, in: Festschrift zum hundertjährigen Bestehen des Deutschen Juristentages, 1960, Bd. I, S. 383 ff., 399 f.

mension fehlt: Auch der Widerspruch gegen diese Ordnung kann sittlich begründet sein, also aus Freiheit geschehen. Mehr noch: in solchem Widerspruch erst verwirklicht sich die höchste Freiheit und Verantwortung des Menschen, seine Fähigkeit und sein Auftrag, die Gestalt der sozialen Ordnung, in der er lebt, mitzubestimmen. Das wird, so scheint mir, gerade in der deutschen Tradition des politischen Denkens nicht immer klar genug gesehen: Das Leitbild, daß der Einzelne sich selbst als Person in der Hinwendung zum Überindividuellen, Objektiven, Allgemeinen erfülle, darin seine „Selbstverwirklichung" finde, dieses Leitbild trägt im Grunde noch immer individualethische Züge, während es darum geht, in unserem Denken und in unserer Ordnung für denjenigen Raum zu schaffen, der seine Verantwortung für den Zustand der öffentlichen Dinge, für die res publica, und damit für den anderen Menschen, auch und gerade in der Auflehnung gegen das Bestehende realisiert. Die eigentliche Alternative ist also nicht – wie uns häufig zu suggerieren versucht wird – die von verantwortlicher Einordnung ins soziale Gefüge und individualistischer oder gar anarchistischer Beliebigkeit und Willkür, sondern vielmehr die, ob man Freiheit nur in der Bindung an die vorgegebene Ordnung sehen will oder aber auch in der auf Veränderung zielenden Auseinandersetzung mit ihr.

III.

Rationalität der strafrechtlichen Regelung – das kann nach alledem nicht heißen: wissenschaftlich zwingende Herleitung der Deliktstatbestände aus wissenschaftlich gesicherten Prämissen. Es kann für uns nur heißen: folgerichtige Verwirklichung einer offenen und freiheitlichen Ordnung. Natürlich dürfen wissenschaftlich begründete Einsichten, wo immer wir über sie verfügen, nicht übergangen werden. Wesentlicher ist, die Vorläufigkeit und Vergänglichkeit der jeweiligen Ordnung nicht nur formal zuzugestehen, sondern sie in Konsequenzen umzusetzen, metaphysischen Ballast abzuwerfen, auch sehr befremdlichen Überzeugungen anderer nicht von vornherein jedes Recht abzusprechen. Sonst bleibt das Bekenntnis zur Freiheit des Einzelnen leere Proklamation.

Von hier aus den Besonderen Teil des Entwurfs 1962 im einzelnen kritisch zu würdigen, liegt wiederum jenseits meiner Aufgabe. Auch kann es nicht darum gehen, die insoweit bisher publizierten Gegenvorschläge des Alternativ-Entwurfs anzupreisen. Angedeutet sei nur noch in Stichworten, daß sich die hier formulierte Grundeinstellung praktisch vor allem in zwei Richtungen auswirken muß. Einerseits sollte das Strafrecht nun tatsächlich auf solche Verhaltensweisen zurückgenommen werden, über deren Strafwürdigkeit in unserer historischen und sozialen Situation ernsthaft nicht gestritten werden kann. Wieviel hier zu tun bleibt, zeigt schon ein äußerlicher Vergleich bei den vom Entwurf 1962 als „Straftaten gegen die Sittenordnung" bezeichneten Delikten: Der E 1962 pönalisiert sie in 48 Paragraphen, der Alternativ-Entwurf in 16. Daß eine entsprechende Auflockerung auch bei anderen Materien, wie etwa in der Frage der Schwangerschaftsunterbrechung, angezeigt ist, liegt auf der Hand. Im übrigen muß das Bestreben dahin gehen, die Straftatbestände so zu formulieren, daß sie möglichst das Bagatellunrecht, die geringfügige Verletzung sozialethischer oder rechtlicher Normen, gar nicht erst erfassen [47]. Die zweite prinzipielle Konsequenz betrifft alle jene neuralgischen Punkte, an denen der dissentierende Einzelne oder die entsprechende Gruppe mit der bestehenden Ordnung in Konflikt geraten kann. Hier von vornherein darauf zu beharren, daß nur ein Widerspruch legitim sei, der – nach Inhalt und Form – die bisherige Ordnung nicht antastet, heißt doch wohl verkennen, daß ihn unter Umständen gerade die Unzulänglichkeit dieser Ordnung und der ordnungskonformen Mitsprachemöglichkeiten provoziert. Insoweit ist ein neuer Ausgleich vor allem im politischen Strafrecht zu suchen, das auch mit der Reform von 1968 seine optimale Gestalt noch nicht gefunden hat, und bei den Delikten gegen die öffentliche Ordnung, die sich in jüngster Zeit in Zusammenhang mit den Prozessen gegen Schüler und Studenten als fragwürdig erwiesen haben.

*

Ich möchte es mir schon aus Zeitgründen versagen, das, was ich in den beiden Teilen meines Referates auszuführen versucht habe, noch einmal zusammenzufassen. Die innere Verbindungslinie zwischen dem Plädoyer für ein Strafrecht, das die Freiheit des Einzelnen, durchaus als sittliche Freiheit verstanden, soweit wie irgend möglich respektiert, und der Befürwortung eines Systems strafrechtlicher Sanktionen, das die faktische Unfreiheit des Straffälligen, wo immer sie begegnet, aufzuheben unternimmt – diese Verbindungslinie bedarf keiner Hervorhebung. Nicht ganz versagen kann ich mir jedoch eine Schlußbemerkung. Offenbar im Blick auf die am Entwurf 1962 von den späteren Autoren des Alternativ-Entwurfs geübte Kritik hat ein Mitglied der Großen Strafrechtskommission vor einigen Jahren bei Vorträgen in Japan die Besorgnis geäußert, „daß das Verständnis für die Notwendigkeit eines freiheitlich orientierten Strafgesetzbuches allmählich

[47] Das versucht der Alternativ-Entwurf beispielsweise dadurch, daß er bei den Sexualdelikten stets nur „sexuelle Handlungen von einiger Erheblichkeit" einbezieht.

wieder verloren" zu gehen scheine, und deshalb zur Eile gemahnt. Gründlicher, so scheint mir, hätte man die Situation kaum verzeichnen können. Es wird noch ein weiter Weg zu gehen sein, bevor ein der Freiheit des Einzelnen verpflichtetes Strafrechtssystem in jeder Hinsicht Wirklichkeit geworden ist. Jeder Schritt jedoch, den wir auf diesem Wege tun, wird uns weiter vom Entwurf 1962 entfernen.

Summary

The lecture does not deal with the particular problems of the present total revision of the German penal code but with the basic positions held or to be held in their solution. This is done first in respect to the alternatives of repression and therapy, highly controversial in theory and important in practice for the particular formation of penal sanctions. On the one hand the author argues against the opinion that the dignity of man requires a retaliating or expiating penalty. He attempts to show that the form of penal correction should be determined not by the abstract concept of the freedom of the human will but by the concrete lack of freedom due to the socially or individually conditioned psychological stress on the criminal, if you want to enable him to live in harmony with the law. On the other hand retaliation cannot be replaced by therapy alone. Social regulations will lose their binding force if they are not connected with sanctions. Therefore the function of therapy and repression is to harmonize with each other in faceted solutions.

The second part of the lecture is concerned with the question of the points of view from which the social norms deserving the protection of penal law should be selected. Here it is said, against the postulate of applying scientific and rational criteria only, that the meaning of scientific information depends on the system of values into which you are fitting it and that you cannot motivate the choice of this system itself with scientific reasons. Nevertheless the selection of punishable behaviour has to be a rational one in that it must fit in with the preconceived system of values i. e. of an open and liberal social order. This restricts criminal law to acts which, without any serious doubt, deserve to be punished in our historical and social situation, and makes it necessary to look for a new compromise between the necessity of maintaining public order and the right of political opposition.

Résumé

La conférence ne traite pas en détail les problèmes de la réforme générale du droit pénal allemand, qui est en train de se faire; il s'agit plutôt des idées de fond qui régissent ou doivent régir leur solution. D'abord en vue de l'alternative entre la répression et la thérapie, théoriquement fort discutée mais pratiquement d'une importance éminente pour la disposition de la sanction pénale particulière. L'auteur analyse la question suivante, que, si on veut respecter l'homme en tant qu'être responsable de ses actes, on doit exiger, que ce dernier reçoive un châtiment ou qu'il subisse des représailles. Il essaie ensuite de démontrer, que ce n'est pas la liberté abstraite, mais la concrète inexistence de liberté du délinquant, résultant de contraintes psychiques sociales ou individuelles, qui doit déterminer le caractère de l'infliction pénale, si l'on veut aider le condamné à gagner la liberté de vivre en accord avec la loi. D'autre part l'infliction répressive ne peut pas être remplacée par la pure thérapie. Les règles de conduite perdent leur caractère normatif, si leur infraction ne déclenche pas de sanctions. Aussi les mesures thérapeutiques et les répressions doivent-elles être harmonisées de manière différenciée.

Dans la seconde partie sont mis en question les points de vue sous lesquels les règles sociales, qui exigent la protection du droit pénal, doivent être déterminées. Il ne suffit pas de procéder uniquement selon des critères scientifiques et rationnels pour cette détermination; car il faut voir, que la signification des informations scientifiques dépend de l'ordre de valeurs, dans lequel on les met, sans que l'établissement de cet ordre puisse être motivé à son tour. Néanmoins il faut que la sélection des éléments constitutifs de l'infraction soit rationnelle en tant qu'elle doit être adaptée à l'ordre de valeurs établi, en accord avec un régime ouvert et libéral. Ainsi la pénalisation se borne à de tels actes dont la mise sous peine ne peut être réellement discutée dans notre situation historique et sociale. En outre il faut tenter de créer un nouvel équilibre entre la protection de l'ordre public et le droit à l'opposition politique.

Kriminalpolitische Aspekte der Strafrechtsreform

Von *Hans Schultz*, Bern

Die Kriminalpolitik, von der Anselm Ritter von Feuerbach als der „gesetzgebenden *Staatsweisheit*" sprach [1], kann mit Rudolf Sieverts bezeichnet werden als „der Inbegriff von Überlegungen und Maßnahmen der Gesellschaft und des Staates mit dem Ziel, die Zahl der Verstöße gegen die kriminalgesetzliche Ordnung zu senken ..." [2] Diese Zielvorstellungen, welche die Strafrechtspflege einer organisierten Gruppe, eines Staates, tragen, sind keineswegs ausschließlich wissenschaftlich begründete Ansichten, sondern stammen aus den verschiedensten Quellen. Es ist schon eine der ersten kriminalpolitischen Aufgaben, in einer unablässig fortgeführten staatspolitischen Erziehungsarbeit die Kriminalpolitik möglichst eng mit den wissenschaftlichen Einsichten über die Entstehung des Verbrechens und die Behandlung der Verbrecher zu verbinden. Indessen wird man sich vorerst, wie es die Autoren des neuesten französischen Lehrbuches für Strafrecht, Roger Merle und André Vitu, tun, damit abfinden müssen, daß die Kriminalpolitik ebensosehr eine Kunst wie eine Wissenschaft ist [3].

Für die Kriminalpolitik gilt, wie für alle Bemühungen, die menschlichen Angelegenheiten zu ordnen, daß sie, wie Ernst Hafter hervorhob, „immer wieder zu neuem Anlauf ausholen"[4] muß. Indessen läßt die geschichtliche Entwicklung doch einige Linien erkennen wie auch die Einsicht gewinnen, daß gewisse Zeiten rechtlichen Neuerungen besonders aufgeschlossen sind,

[1] Anselm Ritter von Feuerbach, Lehrbuch des gemeinen, in Deutschland gültigen peinlichen Rechts, 12. Originalausgabe, herausgegeben von C. J. A. Mittermaier, Gießen 1836, Anm. zu § 18, S. 28.

[2] Rudolf Sieverts, Artikel Kriminalpolitik im Handwörterbuch der Kriminologie, neu bearbeitete 2. Aufl., Band II, S. 1.
Ähnlich Ernst Hafter, Lehrbuch des schweizerischen Strafrechts. 2. Aufl., Bern 1946, § 1 II, S. 2, daß die Kriminalpolitik „den besten Weg der Verbrechensbekämpfung sucht".
Eingehend zur Kriminalpolitik Robert von Hippel, Deutsches Strafrecht, Band I, Berlin 1925, § 23, S. 534, mit Geschichte des Begriffes S. 535, Anm. 1.

[3] Roger Merle André Vitu, Traité de Droit criminel, Paris 1967, S. 7: „La politique criminelle est donc un art autant qu'une science, qui consiste à découvrir et à organiser rationellement les meilleures solutions possibles aux divers problèmes de fond et de forme que pose le phénomène criminel."

[4] Hafter, l. c.

weil sie sich mit erheblichen kulturellen und sozialen Wandlungen auseinanderzusetzen haben oder weil das Bewußtsein für die Mängel der geltenden Regelungen besonders wach geworden ist.

Es wäre verlockend, diesen Gedanken im einzelnen nachzugehen. Doch nur knappe Hinweise sind erlaubt: darauf, daß gerade Kaiser Konstantin in zwei Reskripten für Männer und Frauen in den Gefängnissen verschiedene Räume vorzusehen und die Untersuchungsgefangenen am Tage ans Licht zu führen gebot [5], auf das von der christlichen Kirche geübte und beanspruchte Asylrecht, den Übeltäter vor der Grausamkeit des römischen Rechtes der späten Kaiserzeit bewahrend wie vor der Blutrache des frühen germanischen Rechts [6]. Oder daran zu erinnern, daß die Reform der deutschen Strafrechtspflege im Ausgang des Mittelalters angetrieben wurde durch die vielfachen Klagen, welche beim Reichskammergericht bald nach seiner Einrichtung im Jahr 1495 eingingen, daß nämlich die Obrigkeiten „leute unverschuldet ân recht und redlich ursach zum todt verurteilen und richten lassen haben sollen“ [7]. Und weiter: Als ein Mittel zur Bekämpfung der stark gestiegenen Kleinkriminalität jener Zeit versuchten in der zweiten Hälfte des 16. Jahrhunderts England und dann die Niederlande eine Anstaltsreform, welche den Anfang der modernen Freiheitsstrafe bildet, den strafweisen Entzug der Freiheit dazu benützend, den Verurteilten an ehrliche Arbeit zu gewöhnen [8].

Allein bei allen diesen Neuerungen handelte es sich, von der deutschen, durch die Constitutio criminalis bambergensis von 1507 und die Constitutio criminalis carolina von 1532 bewirkten Reform abgesehen, um einzelne Änderungen. Den deutschen Reformgesetzen hingegen lag eine einheitliche Auffassung zugrunde, welche die Bambergensis in Art. LXXV aussprach mit den Worten, es sei „die straff nach gelegenheyt und ęrgernuss der ubeltat, auss lieb der gerechtigkeit, und umb gemeynes nutz willen zu orden und zumachen“ [9]. Damit ist das Thema angegeben, welches die späteren Auseinandersetzungen über die Richtung der Kriminalpolitik bestimmen wird: das Verhältnis zwischen Gerechtigkeit und Zweckmäßigkeit. Die Forschungen von Gustav Radbruch haben gezeigt, daß der Schöpfer der Bambergensis,

[5] De custodia reorum C IV 1; 3, 3.

[6] Eberhard Schmidt, Einführung in die Geschichte der deutschen Strafrechtspflege, 3. Aufl., Göttingen 1965, §§ 11 und 12, S. 28.

[7] Eb. Schmidt, op. cit., S. 107.

[8] Max Grünhut, The penal reform, Oxford 1948, S. 15 f.; Eb. Schmidt, op. cit., S. 187 f.

[9] Ebenso Carolina Art. CIV, dazu Johann Nagler, Die Strafe. Eine juristisch-empirische Untersuchung, 1. Hälfte, Leipzig 1918, S. 191 f.; Gustav Radbruch, Lieb der Gerechtigkeit und Gemeiner Nutz. Eine Formel von Johann von Schwarzenberg, in: Elegantiae Juris Criminalis, Basel 1950, S. 70; Eb. Schmidt, op. cit., S. 113 f.

Johann Freiherr von Schwarzenberg und Hohenlandsberg, die Formel „auss lieb der gerechtigkeit, und umb gemeyn nutz willen" unmittelbar aus der Lehre der römischen Stoa übernahm, trat er doch auch als Herausgeber deutscher Übersetzungen ciceronischer Schriften hervor [10]. Aus diesem Ursprung, welcher, wie schon die Reihenfolge andeutet, der Gerechtigkeit den Vorrang verleiht, ist der Übergang leicht zu einer Auffassung, welche in der Strafe vor allem den die Übeltat vergeltenden Ausgleich sieht, wie sie aus der berühmten Definition des Hugo Grotius spricht: „Est autem poena generali significatu *Malum passionis, quod infligitur ob malum actionis.*" [11]

Die grundsätzliche Infragestellung der herkömmlichen Strafrechtspflege wurde erst wieder in der Aufklärung aufgenommen. Die Willkür und die Grausamkeit der damaligen Strafjustiz ließen stärkste Zweifel wach werden, ob der Staat und vor allem seine Strafrechtspflege als ein Hort der Gerechtigkeit angsehen werden konnten. Wenn sich die Kritik an der Strafjustiz der Zeit mehr am Nutzen als an der Idee der Gerechtigkeit orientierte, so gehen die Anfänge auch dieser kriminalpolitischen Richtung in die Antike zurück. Der Sophist Protagoras lehrte, dem Bericht Plato's zufolge:

„... Denn Niemand, der einen bestraft, welcher Unrecht gethan hat, sieht bloss darauf und thut es deshalb, weil jener eben Unrecht gethan hat, es müsste sich denn einer ganz vernunftlos wie ein Thier eigentlich nur rächen. Wer aber mit Vernunft sich vornimmt einen zu strafen, der bestraft nicht um des begangenen Unrechts willen, denn er kann ja doch das Geschehene nicht ungeschehen machen, sondern des zukünftigen wegen, damit nicht auf ein andermal wieder, weder derselbe noch einer, der diesen bestraft gesehen hat, dasselbe Unrecht begehe ..." [12]

Mit dieser Stelle verbindet sich übrigens die Geschichte eines der hübschesten Fehlzitate der Rechtswissenschaft. Seneca überlieferte, Plato habe gesagt, kein Vernünftiger strafe, weil etwas Übles begangen worden war, sondern damit es nicht mehr begangen werde [13]. Diese Überlieferung wird durch Grotius aufgenommen [14], und damit dringt die von Plato nur wiedergegebene und von ihm entschieden bekämpfte Ansicht des Protagoras als platonische Auffassung in die Literatur ein.

Doch kehren wir zurück zur Aufklärung: In dieser Zeit wurde der Zusammenhang zwischen der bürgerlichen Freiheit und der Strafrechtspflege erkannt:

[10] Darunter vor allem die Schrift De officiis, welche im 3. Buch, 30 Kap., die Stelle enthält: „Est enim nihil utile, quod idem non honestum, nec quia utile honestum, sed quia honestum utile"; zitiert nach Radbruch, op. cit., S. 84.

[11] Hugo Grotius, De Jure Belli ac Pacis libri tres, Lib. II, cap. XX, I, 1 (1625), ed. Barbeyrac, Amsterdam 1720, S. 498.

[12] Plato, Protagoras, 324, WW, Übers. F. Schleiermacher, I, S. 258 f., Berlin 1804.

[13] Seneca, De ira, lib. I, XIX i. f.

[14] Grotius, op. cit., lib. II, cap. XX, IV 1, S. 503 f.

„... C'est donc de la bonté des lois criminelles que dépend principalement la liberté du citoyen“ [15].

Ebenso deutlich war die Einsicht in den Zusammenhang zwischen der Unausweichlichkeit der Strafe und ihrer Wirksamkeit, die mithin nicht von der Schwere der Strafe abhing:

„L'expérience a fait remarquer que, dans les pays où les peines sont douces, l'esprit du citoyen en est frappé, comme il l'est ailleurs par les grandes ...

... Qu'on examine la cause de tous les relâchements, on verra qu'elle vient de l'impunité des crimes, et non pas de la modération des peines.“ [16]

Montesquieu erkannte sogar schon den engen Zusammenhang zwischen Häufigkeit der Straftaten und den Lebensverhältnissen *und* die relative Unwirksamkeit der Strafen:

„Ce ne sont pas le peines qui diminuent les crimes; c'est le genre de vie des peuples et la facilité des subsistances.“ [17]

Gesetzmäßigkeit und Verhältnismäßigkeit der Strafe, Humanisierung des Strafrechts und des Strafvollzugs sind die leitenden Prinzipien der von der Aufklärung geforderten Strafrechtsreform. Entschieden wendet sich die Aufklärung dagegen, daß der Sinn der Strafe darin bestehen könne, einem Menschen Leiden zuzufügen [18], und tritt dafür ein, daß es wichtiger sei, dem Verbrechen vorzubeugen als es zu bestrafen [19]. Die allgemeinen Grundsätze der von der Aufklärung angestrebten Reform faßte Cesare Beccaria 1764 zusammen am Ende seines berühmten Werkes „Dei delitti e delle pene“, welches den Gedanken der Aufklärung zum Durchbruch verhalf:

„... perchè ogni pena sia une violenza di uno o di molti contro un privato cittadino, dev'essere essenzialmente pubblica, pronta, necessaria, la minima delle possibili nelle date circostanze, proporzionata ai delitti, dettata dalle leggi.“ [20]

Es wäre jedoch unrichtig anzunehmen, daß die Aufklärung es dabei bewenden ließ, die allgemeinen Ziele der neuen Kriminalpolitik zu bezeichnen. Einzelne Denker dieser Zeit haben sich nicht nur eingehend mit bestimmten Fragen befaßt, wie mit der Abschaffung der Folter [21] oder der Todesstrafe [22],

[15] Montesquieu, De l'esprit des lois, 12. Buch, 2. Kap.

[16] Montesquieu, op. cit., 6. Buch, 12. Kap.

[17] Montesquieu, l. c.

[18] So vor allem Cesare Beccaria, Dei delitti e delle pene, § XII, in: Illuministi Italiani, Band III, Mailand–Neapel 1958, S. 49.

[19] Beccaria, l. c.

[20] Beccaria, op. cit., § XLVII, S. 105.

[21] Beispielsweise schon Augustin Nicolas, Si la Torture est un moyen seur a verifier les crimes secrets, Amsterdam 1681, ferner vor allem Voltaire.

[22] Giovanni Fabbroni, Intorno alla pena di morte, Lettera ad un amico (1795); Illuministi Italiani, zit. Band, S. 1130.

sondern entwarfen, in Umrissen wenigstens, ein ganzes neues System der Strafrechtspflege. Dieser Aufgabe unterzog sich ein Vertreter der Aufklärung, dessen Wirken meistens nur auf dem Gebiete der Pädagogik bekannt ist: Heinrich Pestalozzi. In seinem Werk „Lienhard und Gertrud“ entwickelte er einmal eine Methode, rechtsbrecherisches Verhalten zu verstehen. Nachdem Vogt Hummel seines während Jahren betriebenen strafbaren Verhaltens mannigfacher Art überführt worden war, ordnet der Junker an, daß der Pfarrer den Vogt während vierzehn Tagen über seinen Lebenslauf befrage und dann der Gemeinde darüber berichte. Der Bericht deckt auf, daß Hummel das Opfer einer völlig verfehlten Erziehung gewesen war [23]. In den weiteren Ausführungen entwickelt Pestalozzi ein ganzes Programm sozialpolitischer Maßnahmen, um die Gelegenheit zu Verbrechen zu beseitigen. So leitet er die Ausführungen über die „Gesetzgebung wider den Diebstahl“ ein mit dem Satz: „Nicht wenn du in seinem Morast wühlst, sondern wenn du seine Wasser tiefer legst und ihnen sicheren Ablauf gibst, trocknest du einen Sumpf auf“ [24]. Ereignet sich ein Diebstahl, so sei „mit drückender Umständlichkeit“ nach den Gründen zu forschen, welche ihn ermöglichten; ob es Fehler anderer Leute gewesen seien, ob es eigene Liederlichkeit oder gar Arbeitsscheu gewesen war. Je nach dem zur Tat führenden Grund, nicht nach dem Wert der gestohlenen Sache, sei die Strafe zu bestimmen [25]. In dem im „Schweizerblatt“ im Jahr 1782 erschienenen „Arners Gutachten über Kriminalgesetzgebung“ [26] tritt Pestalozzi entschieden für eine menschliche Behandlung der Verbrecher ein, deren Besserung angestrebt werden soll. Dazu sollen sie in eine Anstalt verbracht werden, wo sie nicht völlig abgeschieden von den übrigen Bürgern leben, sondern in einer stadtartigen Festung, in welcher auch eine Gemeinde freier Menschen wohnt, damit deren Lebensweise den Gefangenen als Beispiel diene. Und um die Gefangenen richtig auf das Leben in Freiheit vorzubereiten, sollen sie gegen das Ende der Strafzeit ihre Familie zu sich nehmen können. Pestalozzi verfehlt nicht, darauf hinzuweisen, daß die Strafrichter „Kenntnis des Menschen im niedern Stand, verbunden mit tiefen Einsichten in den Einfluß und den Zusammenhang, den die Quellen der Verbrechen mit der Gesetzgebung und dem allgemeinen Zustand des Staates haben“, besitzen sollten [27]. In die Sprache

[23] Heinrich Pestalozzi, Lienhard und Gertrud. Ein Buch für das Volk. Nach der ersten Fassung, 1. Teil (1781), 89, 2. Teil (1783), 69; WW, Ausgabe Paul Baumgartner, Erlenbach–Zürich, Band I, S. 223, 389.

[24] Pestalozzi, op. cit., 4. und letzter Teil (1787), 54, ed. Baumgartner, Band II, S. 441.

[25] Pestalozzi, op. cit., S. 441 f.

[26] Pestalozzi, WW, ed. Baumgartner, Band IV, Schriften 1765–1783, S. 238 f., bes. S. 260, 270 f.

[27] Pestalozzi, op. cit., S. 269.

unserer Zeit übersetzt heißt dies, daß die Strafrichter kriminologisch ausgebildet werden sollten. In einem anderen Werk aus der Frühzeit, der Schrift über den Kindermord, nähert sich Pestalozzi noch deutlicher der modernen Auffassung des Verbrechens [28]. Nicht nur, daß er sehr eingehend die sozialen Verhältnisse schildert, welche den Kindsmord begünstigen, darunter nicht zuletzt die so ungünstige Rechtsstellung der unehelichen Mutter, der wegen ihres Zustandes Strafe droht; er untermauert seine Ausführungen mit der Darstellung von fünfzehn auf Grund der Akten geschilderten Fällen, meines Wissens die erste derartige Untersuchung [29].

Ließen die Reformvorschläge Pestalozzis zum ersten Mal eine eigentliche Sozialpädagogik erkennen, so ging die wirkliche Strafrechtspflege ganz andere Wege. Nach amerikanischem Vorbilde wurde in der Freiheitsstrafe in der Form der Einzelhaft das Allheilmittel gesehen. Charles Dickens blieb es vorbehalten, die verheerenden Folgen ständiger Isolierung auf den Gefangenen zu erkennen und anzuprangern [30]. Die Freiheitsstrafe empfahl sich aber auch den dogmatischen Bemühungen des frühen Liberalismus, welcher um der Freiheit des Bürgers willen nur eine genau begrenzbare strafweise Einwirkung zulassen wollte [31]. Die spätere dogmatische Entwicklung jedoch betonte die Forderung, daß die Strafe den durch das Verbrechen bewirkten Rechtsbruch auszugleichen habe. Diese Richtung nahm die Kriminalpolitik im 19. Jahrhundert unter dem Einfluß von Immanuel Kant mit seiner scharfen Ablehnung jeder auf Besserung des Täters oder Sicherung der Gesellschaft zielenden Behandlung [32], und besonders von Hegel mit seiner Ansicht, die Strafe sei die notwendige Aufhebung des Verbrechens und sie ehre den Verbrecher als vernünftiges Wesen [33]. Der Einfluß dieser Lehren be-

[28] Heinrich Pestalozzi, Über Gesetzgebung und Kindermord. Wahrheiten und Träume. Nachforschungen und Bilder (1783), ed. Baumgartner, Band IV, S. 353.

[29] Pestalozzi, op. cit., S. 476 f.

[30] Grünhut, op. cit., S. 47 f., unter Hinweis auf die American Notes von Charles Dickens. Die Einzelhaft wurde übrigens auch schon in der Antike angepriesen, siehe Plato, Gesetze, 10. Buch, 909, Übers. Otto Apelt, Band II, S. 435, Leipzig 1945.

[31] So besonders, unter starker Betonung der strafbegrenzenden Funktion der absoluten Straftheorien, vor allem der von Kant, Eb. Schmidt, op. cit., § 221 i. f., S. 231.

[32] Eb. Schmidt, op. cit., § 222, S. 231 f., mit Hinweis auf die gerade auf Grund der von Kant gepriesenen Menschenwürde daran erforderlichen Kritik; Merle/Vitu, op. cit., S. 16. Siehe vor allem die gegen Cesare Beccaria gerichtete Wendung: „Das Strafgesetz ist ein kategorischer Imperativ, und wehe dem, welcher die Schlangenwindungen der Glückseligkeitslehre durchkriecht, um etwas aufzufinden, was durch den Vorteil, den es verspricht, ihn von der Strafe, oder auch nur einem Grade derselben entbinde . . .", Kant, Die Metaphysik der Sitten, WW, ed. Cassirer, VII, S. 139.

[33] Georg Wilhelm Friedrich Hegel, Grundlinien der Philosophie des Rechts. Mit Hegels eigenhändigen Randbemerkungen in seinem Handexemplar der Rechtsphilosophie, herausgegeben von Johannes Hoffmeister, Berlin 1956, §§ 97 und 100, S. 93 und 96. Zum

schränkte sich nicht auf Deutschland. Die romanischen Länder machten die Wandlung von der Schule der Aufklärung, die gesetzliche Begrenzung des Strafrechts mit bessernder Einwirkung auf den Verurteilten verband, zur klassischen oder neoklassischen Schule [34] mit. Diese Auffassung sah „in den Rechtsbrechern nur ‚Täter', unpersönliche Subjekte ihrer Tat", wie es Gustav Radbruch einmal formulierte [35]. Diese Einstellung, wie sie sich vor allem in der Doktrin des Strafrechts und der Strafjustiz äußerte, hinderte nicht, daß im Strafvollzug auch des 19. Jahrhunderts sich immer wieder Bemühungen geltend machten, die eine Resozialisierung zu erreichen suchten [36].

Doch eine grundlegende Änderung der kriminalpolitischen Auffassung wurde erst möglich, nachdem im ausgehenden 19. Jahrhundert verschiedene Forscher ihre Aufmerksamkeit auf die tatsächlichen Eigenschaften der strafrechtlich Verurteilten wie auf die Tätigkeit der Strafgerichte und des Strafvollzuges und ihre Ergebnisse lenkten und damit die Wissenschaft der Kriminologie begründeten. Der italienische Arzt Cesare Lombroso untersuchte vor allem die körperlichen und seelischen Eigenschaften der Verbrecher und hielt dafür, daß ein Teil aller Kriminellen notwendigerweise Rechtsbrecher werden mußten, weil sie geborene Verbrecher seien und diese Eigenschaft an bestimmten körperlichen Merkmalen abgelesen werden könne. Es war nur eine Folgerung dieser Auffassung, daß Lombroso diesen Menschen gegenüber keine Strafe als zulässig ansah, sondern für ein System von Maßnahmen eintrat, welche der von ihnen ausgehenden sozialen Gefährlichkeit entgegenwirken sollten [37].

Andere Forscher legten das Gewicht auf die sozialen Ursprünge des Ver-

Einfluß von Hegel auf die Straftheorien in Deutschland Eb. Schmidt, op. cit., § 267, S. 294 f.

[34] Eb. Schmidt, op. cit., § 272, S. 303.
Im französischen Sprachbereich wird von der Lehre der Aufklärung als der klassischen, der des 19. Jahrhunderts als der neoklassischen gesprochen; Merle/Vitu, op. cit., S. 17. Die italienische Doktrin bezeichnet wie die deutsche die Lehre des 19. Jahrhunderts als die klassische Schule, siehe Vincenzo Manzini, Trattato di diritto penale, 4. Aufl., besorgt von P. Nuvolone und G. D. Pisapia, Band I, Turin 1961, N. 38 i. f., S. 73; Francesco Antolisei, Manuale di diritto penale, Parte generale, 5. Aufl., Mailand 1963, S. 25.

[35] G. Radbruch, Autoritäres oder soziales Strafrecht? in: Der Mensch im Recht, Göttingen 1957, S. 67.

[36] Siehe z. B. die Tätigkeit von Johann Hinrich Wichern, Vorwort von Rudolf Sieverts in Band 3 der Ausgewählten Schriften, Gütersloher Verlagshaus Gerd Mohn, 1962, S. 9, und die in diesem Band veröffentlichten Schriften Wicherns zur Gefängnisreform; oder das Wirken Obermaiers, dazu Eb. Schmidt, op. cit., S. 351.

[37] Cesare Lombroso, L'uomo delinquente in rapporto all'antropologia, giurisprudenza ed alle discipline carcerarie, Turin 1871–1876. In späteren Arbeiten bezifferte Lombroso den Anteil der geborenen Verbrecher auf ungefähr 35–40 %: Die Ursachen und Bekämpfung des Verbrechens, 1899.

brechens. So in Frankreich A. Lacassagne, ebenfalls ein Mediziner, dessen berühmter Ausspruch heißt: „In unserer Zeit brandmarkt das Gericht, das Gefängnis verdirbt und die Gesellschaften haben die Verbrecher, die sie verdienen.“ [38] Der Jurist Gabriel Tarde sah die Ursprünge verbrecherischen Verhaltens in sozialpsychologischen Wechselwirkungen, beruhend auf dem Gesetz der Nachahmung [39]. Zur soziologischen Schule ist Franz von Liszt zu zählen, der vor allem die statistisch erfaßbaren Wirkungen der Strafrechtspflege berücksichtigte und der ein einheitliches neues kriminalpolitisches Programm entwarf, mit der Zweckstrafe und ihrer dreifachen Zielsetzung: Abschreckung oder Warnung der nicht besserungsbedürftigen Täter, Besserung der besserungsfähigen und besserungsbedürftigen Verbrecher, Unschädlichmachung der nicht besserungsfähigen Verbrecher [40].

Die von diesen Forschern und ihren Schulen durchgeführten Untersuchungen ließen rasch die Mängel des herrschenden Systems der Strafrechtspflege erkennen und führten zu verschiedenen Reformvorschlägen, deren Grundlage zwei Überzeugungen bildeten: einmal die Auffassung strenger Determiniertheit des menschlichen Verhaltens im Sinne mechanischer Bestimmtheit durch Ursachen. Enrico Ferri gab dieser Ansicht am deutlichsten Ausdruck, indem er sagte, einen freien Willen anzunehmen verstoße gegen zwei Naturgesetze, gegen den Satz von der Erhaltung der Energie und den von der natürlichen Kausalität, wonach jedes Geschehnis notwendige Folge der vorausgegangenen Ursachen sei [41]. Weil alles menschliche Verhalten als mechanisch-kausal determiniert angesehen wurde, so bezweckten die Anstrengungen dieser Forscher, die Ursachen der Kriminalität zu ermitteln, damit durch geeignete staatliche Eingriffe diese Ursachen behoben werden könnten, so daß die Kriminalität zum Verschwinden gebracht werde. Die andere grundlegende Einsicht lautete, daß die Freiheitsstrafe keineswegs das Allheilmittel gegen jedes wie auch immer geartete kriminelle Verhalten sei, daß sie in einzelnen Fällen geradezu schädlich wirkt und daß sie in anderen Fällen völlig unwirksam bleibt.

[38] Zitiert von Franz von Liszt, Kriminalpolitische Aufgaben, in: Strafrechtliche Aufsätze und Vorträge, Band I, Berlin 1905, S. 354. Lacassagne erklärte auch: „Le milieu social est le bouillon de culture de la criminalité, le microbe c'est le criminel, un élément qui n'a d'importance que le jour le bouillon le fait fermenter“; zitiert von Jean Pinatel, Criminologie, Paris 1963, N. 44, S. 66.

[39] Siehe z. B. Gabriel Tarde, La criminalité comparée (1888), 8. Aufl., Paris 1924, S. 130 ff., bes. S. 148 f.

[40] Franz von Liszt, Der Zweckgedanke im Strafrecht (1882), op. cit., S. 166. Zur Bedeutung von Franz von Liszt siehe die in ZStrW 81, 1969, S. 539 ff., zu seinem 50. Todestag erschienenen Aufsätze.

[41] Enrico Ferri, Sociologia criminale, 5. Aufl., besorgt von Arturo Santoro, Turin 1930, Band II, S. 15–17.

Deshalb wurden folgende Forderungen erhoben, welche in den nächsten Jahrzehnten von den Strafgesetzen fast aller Länder erfüllt wurden:

1. Es sei ein besonderes, pädagogisch-fürsorgerisch orientiertes Jugendstrafrecht zu schaffen und es seien für dessen Vollzug besondere Anstalten einzurichten. Man vergißt nur zu gerne und zu rasch, daß noch zu Beginn unseres Jahrhunderts Kinder vom 12. Lebensjahr an als strafmündig behandelt wurden, wenn die Fähigkeit zur Einsicht in das Unrecht der Tat nachgewiesen war, zuweilen mit der Möglichkeit einer Strafmilderung [42], und daß sie die Strafen in denselben Anstalten wie die erwachsenen Verbrecher verbüßen mußten.

2. Für erstmals strafrechtlich Verfolgte sollten Möglichkeiten geschaffen werden, in irgendeiner Form eine bedingte Verurteilung auszusprechen [43].

3. Von kurzfristigen Freiheitsstrafen sei Abstand zu nehmen und sie seien, weil nicht wirksam und nur schädlich, durch andere Sanktionen, wie Geldstrafen, Entzug von Rechten oder bedingte Verurteilungen, zu ersetzen [44].

4. Gegenüber den Tätern, bei denen eine besondere kriminogene Ursache nachgewiesen ist und die deswegen auf eine Strafe nicht ansprechen oder einer längeren Einwirkung bedürfen, als sie die tatangemessene Strafe zuläßt, seien besondere Möglichkeiten der Behandlung einzuführen: die sichernden Maßnahmen oder Maßregeln, die neben oder anstelle einer Strafe zu treten hätten. Derartige Sanktionen hatten Vorläufer im Preußischen Landrecht mit der sogenannten „Erwerbs-“ und der „Besserungsdetention“ [45], wenn man nicht schon die „Straff oder versorgung der personen von den man auss ertzeygten ursachen, übels und missethat warten muss“, des Art. CCII der Bambergensis und Art. CLXXVI der Carolina als eine Vorwegnahme ansehen will. Vier Tätergruppen sind es, denen mit der neuen Sanktionsart begegnet werden soll: die seelisch Abnormen, die Arbeitsscheuen, die Trunksüchtigen und die chronisch Rückfälligen. Bei keiner der Neuerungen kommt der deterministische Ansatz so deutlich zur Geltung wie bei den sichernden Maßnahmen: Kann die Ursache kriminellen Verhaltens ermittelt und behandelt werden, so wird das kriminelle Verhalten notwendigerweise verschwinden.

Nimmt man alle diese neuen, dem Strafrichter zur Verfügung gestellten

[42] So z. B. die Regelung des RStrGB, §§ 55–57, die bis zum Erlaß des Jugendgerichtsgesetzes vom 16. 2. 1923 galt, nach dem Vorbild des Code pénal; siehe dazu Franz von Liszt, Lehrbuch des deutschen Strafrechts, 12/13. Aufl., Berlin 1903, § 38 I, S. 167 f.

[43] So z. B. Franz von Liszt, Kriminalpolitische Aufgaben, op. cit., S. 360.

[44] Franz von Liszt, op. cit., S. 340 ff.

[45] Siehe Eb. Schmidt op. cit., S. 252 f.

Möglichkeiten der Einwirkung zusammen, so wird deutlich, daß sie einem ganz anderen Leitgedanken verpflichtet sind als das Strafrecht der klassischen Schule: Es geht darum, die Eigenart des einzelnen Rechtsbrechers oder bestimmter typischer Gruppen zu erkennen und dann eine der Eigenart des Täters angepaßte Behandlung anzuordnen, die auf den Verurteilten so einwirken soll, daß er keine Delikte mehr begeht. Der Gesichtspunkt der Vergeltung tritt zugunsten der Behandlung des erwischten Täters, zugunsten der Spezialprävention, zurück.

Wie sieht die Lage heute aus? Betrachtet man die heute vorgesehenen Neuerungen, vergleicht man die zu ihren Gunsten vorgetragenen Argumente, so zeigt sich, daß es sich nicht um etwas grundsätzlich Anderes handelt als die zu Ende des letzten Jahrhunderts heiß umstrittenen Reformen, sondern vielmehr um einen neuen Anlauf, auf die schon früher gestellten Fragen differenziertere Antworten zu finden. Anders ist der Zugang zu den Problemen in zweierlei Hinsicht: Einmal ist die damals herrschende deterministische Linie von vielen Reformern verlassen worden. Merkwürdig ist der Weg, der zu dieser Änderung führte: Es waren nicht zuletzt die Erfahrungen mit den neuen kriminalrechtlichen Sanktionen, den sichernden Maßnahmen und deren Erforschung, die sie bewirkten. Es zeigte sich, daß eine erfolgreiche Behandlung von Kriminellen nicht möglich ist in der Weise, daß der Verurteilte einfach als Objekt angesehen wird, an dem – entsprechend einem körperlichen ärztlichen Eingriff – die Behandlung vollzogen wird. Sondern die Behandlung ist ein intersubjektiver Prozeß, der eine Beteiligung des Verurteilten voraussetzt. Der Verurteilte muß, auf seine Selbstbestimmung hin angesprochen, zu der Fähigkeit, aus eigener Verantwortung ein rechtsgetreues Leben zu führen, hingeführt werden, wenn die Behandlung dauernden Erfolg erzielen soll. Es sind gerade auch die Erfahrungen des Straf- und Maßnahmenvollzuges, welche zu einem von den Auffassungen der alten kriminologischen Schule völlig verschiedenen Menschenbild geführt haben [46], das mit dem übereinstimmt, welches einzelne moderne Richtungen der Seinswissenschaften, der Psychologie und der Psychiatrie ebenfalls voraussetzen [47].

[46] So erklärt der Holländer P. A. H. Baan auf Grund seiner Erfahrungen in der Behandlung Krimineller: „Même pour le psychiatre, cette liberté sur laquelle se fonde le principe juridique de la responsabilité criminelle est redevenue une vivante réalité", in: Une nouvelle école de science criminelle, L'Ecole d'Utrecht, présentée par Jacques Léauté, Paris 1959, p. 109. Siehe auch Marc Ancel, La défense sociale nouvelle, 2. Aufl., Paris 1966, S. 207.

[47] Wilhelm Keller, Psychologie und Philosophie des Wollens, Basel–München 1954, bes. S. 116 f., 304 f.; Hans Kunz, Über den Sinn und die Grenzen des psychologischen Erkennens, Stuttgart 1957; Frederick A. Weiss, Psychoanalyse und moralische Werte, Z. f. Psychotherapie und medizinische Psychologie 7, 1957, S. 10.

Gewiß wäre es unrichtig, anzunehmen, damit sei die Kriminalrechtswissenschaft zu einem Indeterminismus alter Prägung zurückgekehrt, wie er unter wohl unzutreffender Berufung auf Kant [48] als völlige Befreiung der menschlichen Entscheidung von jeder Bestimmtheit verstanden wird. Es wird einzig angenommen, daß das menschliche Verhalten nicht völlig und zwingend ursächlich bestimmt sei im Sinne mechanisch-kausaler Determiniertheit, so daß ein Spielraum der Entscheidung besteht oder wenigstens bestehen kann. Ein solcher Ansatz zur Freiheit ist deswegen gegeben, weil der Mensch herausgenommen ist aus der Bindung in das Schema Wahrnehmung-Reiz-Reaktion, vielmehr durch die Vorstellung ein Bild der Welt gewinnt, mit den Zeichen der Sprache sich über dieses Bild verständigen und sogar Entwürfe für die Zukunft schaffen kann. Erkennen und sprachliches Festhalten des Erkannten bedeutet immer schon Gewinnen von Distanz und damit der Möglichkeiten von Freiheit. Daß der Mensch sich Gründen, die einsichtig gemacht werden, fügt, ist keine Determiniertheit im Sinne des herkömmlichen Determinismus, sondern eine höchst menschliche Form des Verhaltens und sich Entscheidens. Manche Unklarheit der Auseinandersetzung über die Willensfreiheit dürfte daher rühren, daß Grund und Ursache unbesehen einander gleichgesetzt wurden und daß zudem angenommen wurde, jeder Grund „wirke“ wie eine mechanische Kausalität unausweichlich zwingend [49]. Es ist nicht von ungefähr, daß in der zeitgenössischen Kriminologie eine grundsätzliche Kritik des zuvor etwas unbekümmert verwendeten Begriffs der Ursache anhebt [50]. Bezeichnend ist andererseits, daß der maßgebende Vertreter der modernen Schule der défense sociale, der französische Kassationsrichter Marc Ancel, ebenso von menschlicher Freiheit und Verantwortung spricht wie es die Vertreter der eher klassischen Richtung tun [51].

Eine zweite Veränderung im Zugang zu den Problemen besteht darin, daß das Phänomen der Kriminalität heute viel differenzierter gesehen wird als früher. Wenn sich auch die schon früh gesehenen vier großen Gruppen ab-

[48] Zwar schrieb Kant dem Menschen als intelligiblem Wesen eine durch keinerlei Gründe bestimmbare Freiheit als negative Freiheit zu, allein er kannte daneben, was meist übersehen wird, die positive Freiheit als eigene Gesetzgebung der Vernunft, Kritik der praktischen Vernunft, § 8, Lehrsatz IV, WW, ed. Cassirer, V, S. 38.

[49] Zur Unterscheidung zwischen Ursache und Grund schon A. Schopenhauer, Über die vierfache Wurzel des Satzes vom zureichenden Grunde, WW, ed. Grisebach, Band 3, Leipzig 1891, S. 60, der mechanisch wirkende Ursache, organischen Reiz und psychisches Motiv unterscheidet.

[50] Hermann Mannheim, Über einige neuere Entwicklungstendenzen in der kriminologischen Forschung, Mschr. f. Kriminologie & Strafrechtsreform 40, 1957, S. 9; Sheldon and Eleanor T. Glueck, The Meaning of „Cause“, in: The Problem of Delinquency, Boston 1959, S. 38, dieselben: „Association“ and „Causation“, op. cit., S. 40.

[51] Marc Ancel, l. c.

normer Täter bis heute gehalten haben, so wurde doch deutlich, daß sie in bezug auf die Entstehung des kriminellen Verhaltens wie in bezug auf dessen Beeinflussung grundverschiedene Untergruppen in sich einschließen. Es sieht zuweilen so aus, als ob die eigentlich richtige Lösung darin bestehen würde, für jeden Verurteilten das auf ihn persönlich zugeschnittene Behandlungsprogramm zu finden, ein Anspruch, dem die auf Verallgemeinerungen angewiesene Rechtsprechung wie der Vollzug der rechtlichen Sanktionen nie zu genügen vermögen.

Die Bemühungen, herauszufinden, weshalb jemand kriminell wird oder, was besonders wichtig ist, weshalb er dauernd in diesem Verhalten verharrt, haben noch zu keinem Ergebnis geführt. Eine unübersehbare Vielfalt der verschiedensten Ansätze bietet sich an. Die Beschreibung der krimineller Tätigkeit zugrunde liegenden Verhaltensweisen wie deren Erklärung ist nicht zuletzt deshalb so schwierig, weil sie auf die allen Wissenschaften vom Menschen begegnenden grundsätzlichen Schwierigkeiten stoßen, insbesondere weil sie – ausgesprochen oder unausgesprochen – ein Selbstverständnis des Menschen voraussetzen [52]. Und es gibt keinen Gegenstand, über den eine auch nur annähernde Einigung der Ansichten oder wenigstens eine Scheidung der Ansichten in einige wenige wichtigste Gruppen noch so völlig aussteht wie in bezug auf die anthropologischen Grundauffassungen und in einer Zeit des Pluralismus wohl fehlen muß.

Sucht man zu erfahren, welches denn die Hauptfragen sind, um welche sich die kriminalpolitischen Auseinandersetzungen heute vor allem drehen, so sind es drei:

die Fragwürdigkeit des Freiheitsentzuges als Folge strafbarer Handlungen;
die besondere Behandlung der Rückfälligen;
die Widerhandlungen im Straßenverkehr.

Hatten die Vertreter der kriminologischen Schulen des ausgehenden 19. Jahrhunderts die Schädlichkeit kurzfristiger Freiheitsstrafen – damit sind meistens gemeint solche von weniger als sechs Monaten – angeprangert, so ist heute das Bewußtsein für die nachteiligen Folgen jedes Entzuges der Freiheit

[52] Hans Schultz, Strafrechtliche Bewertung und kriminologische Prognose, in: Stellung und Aufgabe des Richters im modernen Strafrecht, Mélanges Oscar Adolf Germann, Bern 1959, S. 261, Anm. 42; derselbe, La autocomprension del hombre y su significacion para el derecho penal y la criminologia, in: Estudios juridicos en homenaje al professor Luis Jiménez de Asua, Buenos Aires 1964, S. 449; Jürgen Habermas, Zur Logik der Sozialwissenschaften, Philosophische Rundschau, Beiheft 5, 1967, S. 193; Klaus Rehbein, Methodenfragen der Kriminalwissenschaft Hamburg 1968, S. 43, unter Berufung auf Max Jammer, Das Problem des Raumes (1953), 1960, S. 191.

wach geworden. Das Einsperren, selbst wenn es mit vernünftiger Beschäftigung und menschlicher Behandlung verbunden ist, bedeutet stets einen überaus schweren Eingriff in die Person des Verurteilten und der ihm Nahestehenden. Und überdies genügt dieses Vorgehen für sich allein nicht, um den Verurteilten zu rechtsgetreuem Verhalten zu führen. Deshalb spricht Hans von Hentig von der Krise der Freiheitsstrafe [53], und Max Grünhut weist der Strafrechtsreform das Ziel, andere Strafmittel als die Freiheitsstrafe zu finden [54]. Der kriminalrechtliche Entzug der Freiheit eines Menschen muß zur ultima ratio aller Strafen und Maßnahmen werden. Um dieses Ziel zu erreichen, werden die verschiedensten Wege beschritten.

England versuchte es damit, die Verhängung von Freiheitsstrafen gegenüber Ersttätern zu erschweren. Durch den „Act to restrict the emprisonment of first offenders" vom 7. Juli 1958 wurden die unteren Strafgerichte, die Magistrates' Courts, angewiesen, Ersttätern gegenüber eine Freiheitsstrafe nur zu verhängen, wenn keine andere Art der Behandlung sich als angezeigt erweist. Die Anordnung der Freiheitsstrafe mußte besonders begründet werden. Weil diese Vorschrift offenbar nur mit größter Zurückhaltung befolgt wurde [55], ordnete der Criminal Justice Act 1967, sect. 39 Abs. 3, an, daß sechs Monate nicht übersteigende Freiheitsstrafen stets bedingt vollziehbar zu erklären sind, ausgenommen wenn es sich um die Bestrafung gewalttätiger Handlungen an Menschen oder sexueller Angriffe auf noch nicht 16 Jahre alte Personen handelt. Die neue Regel gilt für alle Strafgerichte. Diese Regelung war wohl das Vorbild der durch das Erste Gesetz zur Reform des Strafrechts (1. StrRG) § 14 Abs. 1 und durch das Zweite Gesetz zur Reform des Strafrechts (2. StrRG) § 47 Abs. 1 vorgesehenen Regelung, wonach eine Freiheitsstrafe unter sechs Monaten nur verhängt werden darf, „wenn besondere Umstände, die in der Tat oder der Persönlichkeit des Täters liegen, die Verhängung einer Freiheitsstrafe zur Einwirkung auf den Täter oder der Bewährung zur Rechtsordnung unerläßlich machen".

Andere Lösungen bestehen darin, daß dem Strafrichter möglichst zahlreiche verschiedene Formen bedingter Verurteilung oder ähnlicher Einrichtungen zur Verfügung gestellt werden. So wenn nach dem englischen Vorbild ein unbedingtes oder bedingtes Absehen von Strafe eingeführt wird, oder wenn mehrere Formen des bedingten Strafvollzuges vorgesehen werden, wie es die französische Strafrechtsreform von 1957 [56] und die englische Reform

[53] Hans v. Hentig, Die Strafe, Band II, Berlin–Göttingen–Heidelberg 1955, S. 160.

[54] Grünhut, op. cit., S. 1.

[55] Siehe J. E. Hall Williams, Zwanzig Jahre Strafrechtsreform in England und Wales, ZStrR 84, 1968, S. 14.

[56] Französischer Code de procédure pénale vom 31. 12. 1957, Art. 734 und 738.

von 1967 taten [57]. Das 1. StrRG § 16 und das 2. StrRG § 60, offenbar beeinflußt durch die entsprechenden Vorschriften des Alternativ-Entwurfes eines Strafgesetzbuches (AE) [58], gestatten, von einer Strafe abzusehen, „wenn die Folgen der Tat, die den Täter getroffen haben, so schwer sind, daß die Verhängung einer Strafe offensichtlich verfehlt wäre"; doch darf keine ein Jahr übersteigende Freiheitsstrafe verwirkt sein. Außerdem sieht das 2. StrRG in § 59 die Verwarnung mit Strafvorbehalt vor. In dieselbe Richtung gehen die Vorschriften, welche die Dauer zur Bewährung aussetzbarer Strafen erhöhen. Einen zaghaften Versuch dieser Art unternimmt das 1. StrRG in § 23 Abs. 1, mit 2. StrRG § 56 Abs. 2 übereinstimmend, der die Aussetzung einer Freiheitsstrafe zwischen einem und zwei Jahren ausnahmsweise zuläßt, „wenn besondere Umstände in der Tat und in der Persönlichkeit des Verurteilten" vorliegen. Der AE hatte in seinem § 40 Abs. 1 die Aussetzung von Strafen bis zu zwei Jahren ohne einschränkende Bedingungen vorgesehen. Mit dieser Regelung befindet sich der AE im guten Mittelfeld des europäischen Strafrechts. Seit 1891 kann in Frankreich jede Gefängnisstrafe bis zu fünf Jahren in einem bedingten Urteil ausgesprochen werden; das neue schwedische Gesetz von 1965 erlaubt den bedingten Vollzug von Freiheitsstrafen schlechthin, nämlich bis zu einem Höchstmaß von zehn Jahren [59].

Doch können diese Regelungen noch nicht als befriedigend angesehen werden, insbesondere deswegen nicht, weil die Gerichte immer und immer wieder zu kurzfristigen Freiheitsstrafen greifen [60]. Eine wirkliche Besserung wird erst erreicht werden, wenn die Mindestdauer der Freiheitsstrafe erhöht wird und wenn andere Strafmittel herangezogen werden. Einen Schritt auf

[57] Mit der Einführung des bedingten Vollzugs von Freiheitsstrafen neben der bereits bestehenden discharge (Absehen von Strafe) und probation (Stellen unter Schutzaufsicht) durch Criminal Justice Act 1967, sect. 39, Abs. 1.

[58] Alternativ-Entwurf eines Strafgesetzbuches, Allgemeiner Teil, vorgelegt von Jürgen Baumann, Anne-Eva Brauneck, Ernst-Walter Hanack, Arthur Kaufmann, Ulrich Klug, Ernst-Joachim Lampe, Theodor Lenckner, Werner Maihofer, Peter Noll, Claus Roxin, Rudolf Schmitt, Hans Schultz, Günter Stratenwerth, Walter Stree, unter Mitarbeit von Stephan Quensel, 2. Aufl., Tübingen 1969, § 58, Schuldspruch unter Strafverzicht.

[59] Für Frankreich Gesetz vom 26. 3. 1891 (Loi Bérenger) in Verbindung mit Code pénal Art. 40; Schwedisches Strafgesetzbuch von 1962, in Kraft seit dem 1. 1. 1965, Kap. XXVI, Art. 1, Abs. 1, wonach die Gefängnisstrafe in der Regel von einem Monat bis zu zehn Jahren dauert, und Kap. XXVII, Art. 1, Abs. 1, der unter gewissen Voraussetzungen alle Gefängnisstrafen bedingt vollziehbar zu erklären erlaubt.

[60] Von den 1966 in Deutschland gegenüber Erwachsenen ausgesprochenen 186 631 Gefängnisstrafen überstiegen 143 185 oder 76,6 % drei Monate nicht, von den gegenüber Heranwachsenden (18 bis 21 Jahre alten Tätern) ausgesprochenen 9530 Gefängnisstrafen überstiegen 7560 oder 79,4 % drei Monate nicht. Statistisches Bundesamt Wiesbaden, Bevölkerung und Kultur, Reihe 9, Rechtspflege 1966, S. 14, Tab. 3.

diesem Wege hat das 2. StrRG zurückgelegt, indem es in § 38 Abs. 2 das Mindestmaß der Freiheitsstrafe auf einen Monat erhöhte, was allerdings noch deutlich unter der durch AE § 36 Abs. 1 vorgesehenen Mindestdauer von sechs Monaten liegt. Eine Abkehr von der Freiheitsstrafe als primäre Strafe wird erst dann eintreten, wenn systematisch andere Strafarten verwendet werden. So wenn, wie es der AE, den Vorschlägen von Jürgen Baumann folgend, getan hat, die Geldstrafe häufig angewendet und als empfindliche Eingriffe ermöglichende, den Lebensstandard beschränkende Strafe ausgestaltet wird, die in den wirtschaftlichen Verhältnissen des Täters entsprechenden Tages-, Wochen- oder Monatssatz mit einer bestimmten, bis zu zwei Jahren reichenden Laufzeit auszusprechen ist. Dann würde das „Geld als geronnene Freiheit" zum vorzüglichen Strafmittel unserer Zeit. In ähnlicher Weise kann der Entzug von Rechten als Hauptstrafe dienen, zu denken ist vor allem an das Fahrverbot. Als andere neue Strafarten kommen folgende Möglichkeiten in Frage, die durch ein türkisches Gesetz vom 13. Juli 1965 bereits eingeführt wurden: Schadenersatzleistung an das Opfer, dessen Interessen in der Strafrechtspflege meistens zu kurz kommen; Arbeiten im öffentlichen Interesse, welche Möglichkeiten in der Schweiz für den Vollzug von Urteilen gegenüber Dienstverweigerern aus Gewissensgründen besteht [61]; die Verpflichtung, an erzieherischen Veranstaltungen teilzunehmen, was insbesondere im Sinne von Kursen über Fahrtechnik und die Verkehrsregeln für diejenigen in Frage kommt, welche sich einer Widerhandlung im Straßenverkehr schuldig machten.

Hört man alle diese Vorschläge, die die hergebrachte Häufigkeit, die Freiheitsstrafe anzuwenden, bekämpfen, so mag sich die Frage aufdrängen, ob dadurch nicht die Erfüllung der Aufgabe des Strafrechts, die Rechtsordnung zu schützen, erschwert oder geradezu verunmöglicht werde. Darauf ist Verschiedenes zu antworten: einmal, daß schon das Strafverfahren als solches, die Tatsache, daß der Staat überhaupt reagiert, als unangenehm empfunden wird und deshalb repressiv wirkt. Viel wichtiger als die Frage, wie reagiert wird, ist, daß die Behörden überhaupt und möglichst rasch eingreifen. Das wußten schon die Denker der Aufklärung; die hergebrachten Lehren der Pädagogik wie die Lerntheorie bestätigen es [61a]. Dazu kommt, daß in der städtischen Gesellschaft der technischen Kultur, mit ihrer Vielzahl anonymer Begegnungen, das Recht an den Rand der Erlebniswelt gerückt wird. Häufig genügt schon eine deutliche Erinnerung an die Rechtsregeln, um vor weiterem

[61] BRB über den Vollzug der Haftstrafe an Dienstverweigerern aus Gewissensgründen vom 14. 2. 1968, AS 1968, S. 223.

[61a] Gerd Splitter, Norm und Sanktion, Untersuchungen zum Sanktionsmechanismus, Olten-Freiburg i. Br. 1967, S. 97 und passim.

strafbarem Verhalten zu bewahren. Dafür sprechen Erfahrungen aus den verschiedensten Ländern, die besagen, daß rund 80 % der bedingt Verurteilten sich nicht erneut strafbar machen [62].

Und wenn der Schwere des Rechtsbruches wegen doch zu einer unbedingt vollziehbaren Freiheitsstrafe gegriffen werden muß, so sollte sie in Anstalten vollzogen werden, welche so eingerichtet sind, daß sie weder wegen Überfüllung noch wegen Fehlen von Möglichkeit sinnvoller Arbeit, noch wegen Unkenntnis moderner sozialpädagogischer Methoden den Freiheitsentzug im besten Fall einfach zum Verlust der Freiheit, häufig aber zu einem den Betroffenen schwer schädigenden Erlebnis, doch nicht zu einem ernsthaften, methodisch unternommenen Versuch der Resozialisierung werden lassen. Wenn das 1. StrRG in § 18 und das 2. StrRG in § 38 den Unterschied zwischen Zuchthaus und Gefängnis, der im Alltag des Anstaltslebens längst verwischt worden war, aufgeben und die Höchstdauer der zeitlichen Freiheitsstrafe auf 15 Jahre festlegen, so sind dies beides deutliche Schritte in dieser Richtung [62a]. Bedauerlich ist, daß die beiden Reformgesetze nicht auch, wie der Alternativentwurf es getan hatte [62b], die Grundsätze des Strafvollzugs aussprechen. Begrüßenswert ist hingegen, daß 1. StrRG § 13 und 2. StrRG § 46, je Abs. 1 Satz 2, für die Strafbemessung Erwägungen der Spezialprävention vermehrt zu berücksichtigen erlauben; die Schuld bleibt die Grundlage der Strafbemessung, doch die Wirkungen, die von der Strafe für das künftige Leben des Täters in der Gesellschaft zu erwarten sind, sind zu berücksichtigen.

Mag die Zurückdrängung der Freiheitsstrafe als ein Weiterführen der Impulse angesehen werden können, die schon durch die Reformbewegungen des letzten Jahrhunderts gegeben worden waren, so ist eine Neuerung unserer Zeit der Versuch, die chronisch Rückfälligen durch besondere Behandlungsmethoden zur Änderung ihres Verhaltens zu bringen. Die gegenüber den Rückfälligen vorgesehenen Sanktionen waren durch einen gewissen Pessimismus gekennzeichnet und begnügten sich einfach damit, die Gesellschaft vor

[62] The results of probation. A report of the Cambridge Department of criminal science, London 1958, 21, 25, insofern nur die mit Probation behandelten Ersttäter berücksichtigt werden; Hans Schultz, Die Bewegung der Kriminalität in den Jahren 1929 bis 1962, Maschr. f. Kriminologie & Strafrechtsreform 48, 1965, S. 173.
J. E. Hall Williams, op. cit., S. 7, teilt mit, daß in England 80 % derjenigen, deren erste Verurteilung die Verbüßung einer Gefängnisstrafe nach sich zieht, nicht nochmals zu Gefängnis verurteilt werden.

[62a] Sie wurden wohl ebenfalls unter dem Einfluß von AE § 36 ausgeführt; siehe zur Einheitsstrafe Hans Schultz, Zuchthaus–Gefängnis–Einheitsstrafe; Mschr. Krim. 51, 1968, S. 297.

[62b] AE §§ 37–39.

den ständig Rückfälligen zu sichern. Deshalb erstaunt nicht festzustellen, daß die auf dieser Grundlage eingeführten Maßregeln, wie die Sicherungsverwahrung des deutschen oder die Verwahrung von Gewohnheitsverbrechern des Schweizer Rechts, sich in ihrem Vollzuge von dem einer Freiheitsstrafe kaum unterscheiden und einfach auf eine Freiheitsstrafe längerer Dauer hinauslaufen. Anzumerken ist ferner, daß sich heute eine Einsicht durchzusetzen beginnt, welche Wolfgang Mittermaier schon 1908 bekundete [63]: daß es nämlich zwei grundverschiedene Typen Rückfälliger gibt, die Franz Exner [64] als die antisozialen Aktiv-Gefährlichen und die asozialen Harmlos-Lästigen bezeichnete. Die Gruppe der Harmlos-Lästigen, Kleinverbrecher, welche immer wieder geringfügige Straftaten, meist gegen das Vermögen gerichtet, verüben, schwache Persönlichkeiten, unfähig ohne Betreuung ein einigermaßen gesichertes Leben zu bestehen, bedürfen fürsorgerischer Hilfe, wie dies vor allem Hellmuth Mayer gefordert hat [65], nicht strafrechtlicher Zwangsmaßnahmen. Es klingt wie ein Witz, wenn die zur Zeit im Gang befindliche zweite Teilrevision des schweizerischen Strafgesetzbuches diesem Unterschied in der Weise Rechnung tragen will, daß die Möglichkeit geschaffen werde, die Verwahrung der Rückfälligen auch in offenen Anstalten zu vollziehen: Sicherung der Gesellschaft durch Verbringung in eine offene Anstalt [66]!

Weil die kriminologischen Untersuchungen zeigten, daß der ständig Rückfällige von der Art des antisozialen Aktiv-Gefährlichen schwere Anomalien des Charakters aufweist, ist in verschiedenen Ländern versucht worden, durch intensive Behandlungen, die tiefenpsychologische Ansätze und soziologische Erfahrungen verbinden, die von der Einzelanalyse, Gruppentherapie bis zu körperlichen Eingriffen reichen und die auch das soziale Milieu des Verurteilten, insbesondere dessen Familie, in die Behandlung einbeziehen, eine Änderung des Verhaltens herbeizuführen [67]. Bevor jemandem, nur um die Gesellschaft vor ihm zu sichern, für eine längere Dauer, vielleicht

[63] W. Mittermaier, Die Behandlung unverbesserlicher Verbrecher, Vgl. Darstellung, Allg. Teil III, Berlin 1908, S. 329.

[64] Franz Exner, Kriminologie, Berlin–Göttingen–Heidelberg 1949, S. 206 f., 290.

[65] Helmuth Mayer, Strafrechtsreform für heute und morgen, Berlin 1962, S. 127 f.

[66] Botschaft des Bundesrats an die Bundesversammlung über eine Teilrevision des Schweizerischen Strafgesetzbuches vom 1. März 1965, Art. 42, Ziff. 2.

[67] Georg K. Stürup, Artikel Heilbehandlung im Hwb. Kriminologie, neuherausgegeben von R. Sieverts, Band I, S. 383; J. Sachs, Zur Behandlung von kriminellen Psychopathen in Dänemark, MschrKrim. 38, 1955, S. 69; H. A. Widmer, Erfahrungen mit sogenannten Psychopathen im dänischen Strafvollzug, ibid. 45, 1963, S. 145; A. M. Roosenburg, Rééducation à la „Van der Hoeven Kliniek", ZStrR 81, 1965, S. 391; G. Mauch, Psychotherapie in Holland, MschrKrim. 47, 1964, S. 108; ders., Psychotherapie im Strafvollzug, ZStrR 82, 1966, S. 401.

auf Lebenszeit, die Freiheit genommen wird, ist die Gesellschaft verpflichtet, alles zu tun, um auf andere Weise die in dem Rückfälligen liegende Gefahr zu beheben. Deshalb ist es außerordentlich erfreulich, daß das deutsche 2. StrRG in seinem § 65 die Einweisung Rückfälliger oder Rückfallsgefährdeter in eine sozialtherapeutische Anstalt vorsieht, hier wiederum dem Vorbild des AE § 69 folgend, der seinerseits sich die Erfahrungen der von Dr. med. Georg K. Stürup geleiteten dänischen Anstalt in Herstedvester zunutze machte. Es muß kaum hervorgehoben werden, daß besonders für diese Anstalt die Art, wie der Vollzug geschieht, entscheidend ist.

Ein drittes Hauptproblem der heutigen Kriminalpolitik sind die Widerhandlungen im Straßenverkehr. Doch sie eröffnen ein so weites Feld von Fragen und Aufgaben, daß nur einige wenige Hinweise gegeben werden können. Die Beurteilung dieser Straftaten ist zur Hauptaufgabe im Alltag des Strafrichters geworden [68]. Sie bringt Angeschuldigte aus allen Kreisen der Bevölkerung in Berührung mit dem Strafrichter, sie droht, jede Nation zu einem Staat von Vorbestraften werden zu lassen. Ob der Betroffene, wenn er nicht gerade selber Jurist ist, großen Wert darauf legt, in vielen Fällen nur wegen einer Ordnungswidrigkeit anstatt wegen einer eigentlichen Straftat verantwortlich gemacht zu werden, sei dahingestellt. Bedeutsam ist hingegen folgendes: Im Unterschiede zur gewöhnlichen Straftat, die vom normalen Rechtsbrecher nur in einer Ausnahmesituation begangen wird, befindet sich der Teilnehmer am Straßenverkehr ständig in einer Deliktssituation [69]. Dazu kommt, daß die Regeln des Straßenverkehrs noch nicht jene elementare Wucht und Einprägsamkeit erhalten haben, wie sie den durch das Strafrecht üblicherweise geschützten Normen zukommt, wenn sie fordern: Du sollst nicht töten!, oder: Du sollst nicht stehlen! Allerdings zielen die Vorschriften des Verkehrsrechtes letztlich auch auf den Schutz des Lebens der Verkehrsteilnehmer und ihres Eigentums, allein sie tun es, indem sie schon die Gefährdung dieser Güter durch gewisse Verhaltensweisen unter Strafe stellen. Es ist jedoch außerordentlich schwer, dem Bürger verständlich zu machen, daß der durch Gefährdungsdelikte bewirkte mittelbare Schutz von Leib und Leben ebenso ernst genommen werden sollte wie der durch das Verbot von vorsätzlicher Tötung oder Körperverletzung angestrebte unmittelbare Schutz. Dazu kommt, daß Widerhandlungen im Straßenverkehr nicht, wie wohl die meisten gewöhnlichen Straftaten, nur auf Charakterfehler zurück-

[68] In Deutschland wurden 1966 wegen Verbrechen und Vergehen insgesamt 607 752 Strafurteile ausgesprochen, davon wegen Vergehen im Straßenverkehr 311 915 oder 51,3 %, siehe das in Anm. 60 zit. Werk Tab. 5, S. 15.

[69] Hans Göppinger, Der Verkehrssünder als krimineller Typus, in: Kriminalbiologische Gegenwartsfragen, Heft 4, Stuttgart 1960, S. 83.

gehen, sondern es können andere Gründe mitspielen, wie technische Ungeschicklichkeit, ungenaue Sinneswahrnehmung, vielleicht ohne daß der Täter darum weiß. Weiter: die Anforderungen des heutigen dichten und raschen Straßenverkehrs fordern eine so intensive und stets angespannte Aufmerksamkeit, daß die Grenzen dessen, was der Mensch überhaupt vermag, nicht selten erreicht oder gar überschritten werden, ohne daß die Vorschriften und die Gerichtspraxis diesem Umstande Rechnung tragen [70].

Es kann hier nur gezeigt werden, in welcher Richtung Lösungen gesucht werden können: Einmal handelt es sich darum, die schwersten Verstöße gegen die Verkehrsregeln, welche gehäuft zu schweren Unfällen führen, aus den übrigen Verstößen des Verkehrsrechtes herauszuheben und im allgemeinen Bewußtsein als unbedingt zu meidendes Verhalten einzuprägen. § 315 c des deutschen StrGB ging diesen Weg, indem er die sieben Todsünden des Fahrzeuglenkers unter Vergehensstrafe stellte. Zu bedauern ist nur, daß er die konkrete Gefährdung von Menschen oder fremdem Eigentum voraussetzt und es nicht mit dem groben Verstoß gegen die Verkehrsregeln als solchem bewenden läßt. Weiter sollten gerade hier nicht schematisch die üblichen Strafen angewendet werden, sondern es sollten neue Möglichkeiten der Einwirkung gesucht und versucht werden, wie der Entzug des Führerscheins, die Verpflichtung, Kurse im Lenken eines Fahrzeuges oder über die Verkehrsregeln und ihre Bedeutung zu besuchen, oder die Arbeit in Organisationen der ersten Hilfe. Außerdem ist ernstlich zu erwägen, ob nicht leichteste Fälle von Unaufmerksamkeit straflos gelassen werden sollten, weil sich dann stets die Frage stellt, ob der Fahrer überhaupt anders handeln konnte und die Widerhandlung zu vermeiden vermochte [71]. Für die Sicherheit allfälliger Opfer solcher Widerhandlungen ist durch die obligatorische Haftpflichtversicherung in Verbindung mit einer durch die Betriebsgefahr des Fahrzeuges begründeten Kausalhaftung gesorgt.

Der Blick auf die kriminalpolitischen Aspekte der Strafrechtsreform läßt erkennen, daß die Menschheit immer noch auf dem Wege ist, die beste Antwort auf die Herausforderung durch das kriminelle Verhalten zu finden. Verzichtet man auf utopische Hoffnungen – und selbst die Utopien reagieren auf den ihnen Widerstrebenden durch Ausschluß von ihren Segnungen, was sich der vollkommenen Organisation aller Lebensäußerungen wegen noch viel verhängnisvoller auswirkt als die herkömmliche Strafe und der Fried-

[70] Paul Bockelmann, Das strafrechtliche Risiko des Verkehrsteilnehmers (1960), in: Verkehrsstrafrechtliche Aufsätze und Vorträge, Hamburg 1967, S. 10 f.; Günter Stratenwerth, Grundfragen des Verkehrsstrafrechts, Basler Juristische Mitteilungen, 1966, S. 62 f.

[71] Stratenwerth, op. cit., S. 59 f.

loslegung des alten germanischen Rechts gleichkommt –, so wird es immer erforderlich sein, daß die staatlich organisierte Gemeinschaft den Urhebern bestimmter Verhaltensweisen gegenüber Zwangsmaßnahmen anordnet. Sie mögen einmal, in ferneren Zeiten, jede Beziehung zur Vergeltung verloren haben und nur auf Besserung des Täters zielen [72], als Zwangsanordnung, als Zwang zum Guten, werden sie stets repressiv wirken. Das übersehen die Anhänger eines reinen Maßnahmenrechts gerne. Und weil das sie auslösende Verhalten vermeidbar ist, so wird selbst die ausschließlich solche bessernden oder sichernden Maßregeln vorsehende Rechtsordnung auf diese Weise ihren erforderlichen Schutz erhalten. Eine andere Frage ist, ob die Rechtsgenossen bereit sind, auf jeden über diese unvermeidbare Repression hinausgehenden Zwangseingriff zu verzichten, insbesondere, wenn sie durch die verpönte Tat persönlich betroffen wurden. Allein selbst wenn heute solche Ansichten geäußert werden, die auf eine Abschaffung allen Strafrechts zielen und damit die radikalste kriminalpolitische Neuerung darstellen, so wird die tatsächliche Entwicklung anders verlaufen. Es wird sich darum handeln, unentwegt an der Fortentwicklung des Strafrechtes, des Strafprozesses und des Strafvollzuges weiterzuarbeiten, in der hier skizzierten Richtung, den Entzug der Freiheit als ultima ratio behandelnd und dem Strafrichter eine möglichst große Zahl anderer Möglichkeiten der Einwirkung an die Hand gebend, derart daß das Strafrecht unserer Zeit sich als wirksam, rational und zugleich als menschlich erweist.

[72] Gustav Radbruch, op. cit., S. 66.

Summary

Criminal policy may be said to be the whole of social measures undertaken to diminuish the number of crimes. The most important principles of modern criminal policy have been laid down in the 18th century already, especially by Montesquieu. Heinrich Pestalozzi developed a quite modern system to treat criminals.

In the beginning of the 19th century solitary emprisonment was hold to be the panacea of criminal policy. Scientific investigations in the late 19th century showed that emprisonment did not help all kind of criminals, but that it was detrimental to some and ineffectual to others. Therefore the following reforms were asked for and introduced by and by in the penal law of almost all countries: special rules, taking account of pedagogic considerations and the demands of social welfare, for young offenders; conditional sentences for first offenders; substitution of short terms of emprisonment by other sanctions; special sanctions for offenders showing specific criminogenic forms of behaviour.

The modern views of these problems differ from these held in the end of the last century that they do no more accept the doctrine of determinism. Besides that experience showed that the problem of treatment of offenders is much more complicated than it had been thought before.

Three problems may be ascertained to be the main problems of modern criminal policy: first sanctions depriving men of their liberty became problematical and are accepted but as a ultima ratio only; second the treatment of persistent offenders, consisting originally in nothing else but a prolonged deprivation of liberty, is now applying new developed, special therapeutic methods; third the violation of traffic regulations, demanding before all that man is becoming conscious how dangerous certain of these infringements are.

As to the future development of criminal policy it may be said that – if one does not believe in the utopic dream of abolishing all social compulsion and repression – step by step the law will be changed in order to make as little use as possible of sanctions depriving men of their liberty and to give to the judge a great variety of other methods to deal with the criminal.

Résumé

La politique criminelle peut être définie d'être la totalité des mesures sociales tendant à faire décroître le nombre des crimes. C'est au siècle des lumières que la plupart des principes d'une politique criminelle moderne furent énoncés, tout spécialement par Montesquieu. Et Henri Pestalozzi a inventé même tout un système bien moderne de traiter les criminels.

Au début du 19e siècle la détention cellulaire fut censée d'être le remède universel. Toutefois des recherches scientifiques, entreprises vers la fin de ce siècle, démontraient que l'emprisonnement n'était pas bon pour tout délinquant. On devait s'apercevoir qu'il était nocif pour quelques-uns et qu'il restait inefficace vis-à-vis d'autres. C'est pourquoi certaines réformes furent proposées et introduites, peu à peu, par à peu pres tous les états: un régime spécial, tenant compte des considérations pédagogiques et des exigences de l'assistance sociale, pour les jeunes délinquants; sentences conditionnelles pour ceux qui apparaissaient pour la première fois devant le juge pénal; substitution des peines privatives de liberté de courte durée par d'autres sanctions; sanctions spéciales pour les criminels dénotant un comportement criminogène.

Les opinions modernes en cette matière diffèrent de celles défendues à la fin du siècle passé en tant qu'elles ne partent plus de la doctrine du déterminisme. En outre l'expérience a fait voir que le problème du traitement des criminels est bien plus compliqué qu'on ne le pensait auparavant.

On peut dire que trois problèmes sont les problèmes-clé de la politique criminelle de nos temps: 1° on doute des sanctions privatives de libertés, devenues problématiques, comme telles, et on ne les accepte que comme ultima ratio; 2° le traitement des récidivistes, qui ne consistait que dans un emprisonnement prolongé, se sert des méthodes thérapeutiques spéciales, développées récemment; 3° les contraventions routières dont la répression demande, en tout premier lieu, que les hommes deviennent conscients de ce qu'il y a de périlleux en certaines de ces infractions.

En ce qui concerne le développement futur de la politique criminelle on ose dire que – si l'on ne croit pas au rêve utopique d'abolir toute contrainte sociale et toute répression – peu à peu le droit pénal va être porté à renoncer autant que possible à toutes les sanctions privatives de liberté tout en mettant à la disposition du juge une grande variété d'autres méthodes de traiter le criminel.

Diskussion

Professor Dr. jur. Hans Welzel: Ich möchte zunächst eine Frage an Herrn Schultz richten.

Etwas ist, so scheint mir, in Ihrem Vortrag, Herr Schultz, zu kurz gekommen: Sie haben mit Recht gegen die kurzzeitige Freiheitsstrafe stärkste Bedenken geltend gemacht, die ehemals von v. Liszt, zuletzt von Grünhut und Hentig, literarisch erhoben worden sind. Es geht aber auch darum: Wie kann man einen *Ersatz* für die kurze Freiheitsstrafe schaffen? In diesem Zusammenhang haben Sie auf die Geldstrafe verwiesen. Hier frage ich Sie nun: Ist die Geldstrafe wirklich ein voller Ersatz? Wie steht es beispielsweise bei uns mit den Gastarbeitern? Was bedeutet ihnen gegenüber eine Geldstrafe? Sie fahren weg und bezahlen nichts. Was soll man in diesem Fall machen?

Professor Dr. jur. Hans Schultz: Es geht darum, die Freiheitsstrafe möglichst zurückzudrängen, sie nur als ultima ratio beizubehalten, vor allem die kurzfristige Freiheitsstrafe. Die Möglichkeiten, die kurzfristige Freiheitsstrafe durch Geldstrafen zu ersetzen, sind bei weitem noch nicht alle ausgeschöpft. Insbesondere ist auch an die Möglichkeit bedingt vollziehbarer Geldstrafen zu denken.

Professor Dr. jur. Hans Welzel: Sie würden also eine Ersatzfreiheitsstrafe zulassen?

Professor Dr. jur. Hans Schultz: Eine Ersatzfreiheitsstrafe ist – leider – nicht zu umgehen.

Professor Dr. jur. Dietrich Oehler: Herr Kollege Stratenwerth hat davon gesprochen, daß, wenn ich es richtig verstanden habe, die meisten, die im Gefängnis oder im Zuchthaus sitzen, faktisch unfrei sind und demgegenüber die Idee der Willensfreiheit und damit die Vergeltungstheorie seit Kant dieser faktischen Unfreiheit nicht entspricht. Man müsse die theoretische Freiheit dieser faktischen Unfreiheit entgegensetzen und sehen, daß die faktische Unfreiheit diese Leute überhaupt nicht zu einer freien Entscheidung bringen kann.

Ich bin der Meinung, daß das für einen großen Teil der Täter zutrifft, aber bei weitem nicht für alle. Das kann doch höchstens – wenn ich einmal in Zahlen spreche – für etwas mehr als die Hälfte der Täter gelten. Das gilt für einen großen Teil der Täter, die Asozialen und die einmal straffällig aus einer bestimmten Konfliktsituation werden, in die sie sich selbst hineingebracht haben – nehmen wir einmal den Meineidigen. Es besteht aber ein Unterschied zu den Gewaltverbrechern, z. B. zu den Räubern, die aus einem Trieb oder aus einer Begehrlichkeit heraus handeln, die zur Straftat führen. Hier kann man doch nicht ohne weiteres sagen, daß sie faktisch unfrei sind. Faktisch unfrei sind doch mehr oder weniger hauptsächlich die asozialen Menschen, die am Rande der Gesellschaft leben, die zehn- oder zwanzigmal Diebereien oder Betrügereien begehen. Aber Leuten, die einmal eine Gewalttat in vollem Bewußtsein verüben, gegenüber nicht die Norm mit Festigkeit und Sicherheit aufzurichten, würde bedenklich sein.

Im zweiten Teil Ihres Vortrages sprachen Sie über das Verhältnis von Recht und Sitte. Es ist nun aber gerade die Frage: Wo ist die Grenze zu ziehen zwischen Recht und Sitte. Darauf kommt es ja an. Sie sagten z. B. auch, daß entsprechend der Erneuerung unseres Strafgesetzbuches die männliche Gleichgeschlechtlichkeit unter Erwachsenen nicht mehr strafbar sei, daß diese zur Sitte gehöre. Das ist aber – auch ich bin der Meinung, daß es richtig ist, diese nicht mehr zu bestrafen – doch fraglich, ob sie rein zur Sitte gehört oder ob nicht schon die Grenze des Rechts durch sie überschritten wird.

Die Homosexualität unter Erwachsenen hat doch eigentlich einen weiteren Aspekt. Wenn wir uns heutzutage als Männer in einer Sitzung, in einer Kommission oder in einer Gemeinschaft befinden, dann wissen wir, daß die Bindung zum anderen, der mit uns in einer solchen Gemeinschaft ist, normalerweise nicht über eine formale Freundschaft hinausgeht. Ein Ehepaar wird im großen und ganzen von einem Betrieb oder von einer Behörde nicht in das gleiche Büro berufen werden. Wenn nun die männliche Unzucht unter Erwachsenen straffrei ist, dann können sehr wohl sachliche und rechtliche Entscheidungen plötzlich durch eine übermäßige Bindung zweier Männer, die in der gleichen Sitzung, in der gleichen Kommission oder in der gleichen Behörde sitzen, stark beeinflußt werden. Das ist, wenn die Homosexualität unter Strafe gestellt ist, nicht ohne weiteres möglich.

Sie sprachen zuletzt davon, daß die demokratische Gesellschaft heutzutage gegenüber Wertänderungen frei sein muß, sich also nicht auf die bestehende Ordnung berufen sollte. Dazu ist folgendes zu sagen: Wir haben eine Ordnung, die nicht umgestoßen werden darf, und zwar durch das Grundgesetz. Das Grundgesetz gibt allein durch die Grundrechte und durch die institutionellen Garantien eine bestimmte Wertordnung, die, wenn sie umgestülpt werden sollte, nur in einer Art Revolution untergehen könnte. Nehmen Sie einmal den Schutz der Ehe, der im Grundgesetz ausgedrückt ist. Das ist ein Wert, der nicht nur rechtlicher Natur ist, sondern tief in das Sittliche eingreift, der tiefste Ausstrahlung hat auf das gesellschaftliche Leben. Auch viele andere Werte werden geschützt, denen gegenüber nicht ohne weiteres der Gesetzgeber frei sein darf. Er darf sie weder manipulieren noch darf er sie dadurch aufheben, daß er gewisse Normen des Strafrechts abbaut und sagt: Nun wollen wir doch einmal sehen, wie sich die sittlichen Werte entwickeln. Ganz dürfen die Grenzen der bestehenden Ordnung nicht aufgehoben werden. Wenn es sich um sittliche Werte handelt, müssen sie mindestens soweit geschützt werden als sie das Grundgesetz schützt. Die Wertordnung als solche ist nicht unbeschränkt manipulierbar und variabel in der Bundesrepublik, denn sonst würden wir uns meines Erachtens selbst aufgeben.

Professor Dr. jur. Günter Stratenwerth: Ich sehe keine Alternative zwischen der Forderung von Herrn Oehler, die Normen, beispielsweise gegenüber dem Gewaltverbrecher, mit Festigkeit und Sicherheit aufzurichten, und meinen Forderungen. Was ich gefordert habe, bedeutet im wesentlichen: daß man sich nicht darauf beschränken sollte, eine Strafe zu vollziehen, sondern versuchen sollte, den Ursachen der Kriminalität, soweit möglich, entgegenzuwirken. Gerade der Gewaltverbrecher ist ja in aller Regel eine gestörte Persönlichkeit. Daß therapeutische Maßnahmen zu ergreifen, bedeute, die immer wieder beschworene „Knochenerweichung" im Strafrecht eintreten zu lassen, ist eine falsche Alternative. Es geht nur darum, sich nicht auf eine im wesentlichen nach der Schwere des Deliktes bemessene Freiheitsstrafe zu beschränken, sondern ein Arsenal differenzierter präventiver Maßnahmen zu entwickeln. Darin liegt keine Aufgabe, Einschränkung oder Nachgiebigkeit hinsichtlich der Norm als solcher.

Nun zu der zweiten Frage, zur Grenze zwischen Recht und Sittlichkeit. Diese Grenze liegt allerdings nicht fest, und gerade deshalb, so wollte ich sagen, können wir sie nicht von Rechts wegen bestimmen wollen. In den Fällen, in denen mit ernsthaften sittlichen Gründen gesagt werden kann, daß die strafrechtliche Verfolgung unsittlich sei (wie bei einfacher Homosexualität), sollte das Strafrecht sich heraushalten. Ein wenig überspitzt formuliert: Wo die Grenze zwischen Recht und Sittlichkeit zweifelhaft ist, hat das Strafrecht seine Berechtigung bereits verloren. Nur bei einer unzweifelhaft zu den Grundlagen unserer sozialen Ordnung gehörenden Norm muß das Strafrecht eingreifen.

Natürlich gibt es die Befürchtung der Cliquenbildung bei Homosexuellen. Sie gehört zu dem festen Bestand an Argumenten, mit dem über die Strafwürdigkeit einfacher Homosexualität seit Jahrzehnten gestritten wird. Infolgedessen fehlt es nicht an Gegenargumenten. Doch will ich darauf nicht eingehen. Ich möchte nur auf den Streit als solchen hinweisen und auf die Unehrlichkeit und Willkür, die die Strafbarkeit der Homosexualität im Gefolge hatte. Der Entschluß, die Norm zu streichen, bedeutet deshalb eine Befreiung; kein Richter konnte sie mehr mit gutem Gewissen anwenden.

Sie sprachen weiter von der Ordnung des Grundgesetzes. Diese Ordnung – darin stimme ich mit Ihnen völlig überein – wollen wir nicht antasten. Aber sie wissen so gut wie ich, daß uns das Grundgesetz vielfach keine konkreten Anweisungen gibt. Das zeigt heute etwa die Diskussion um die Grenzen des Demonstrationsrechtes. Auch die Proklamation des Schutzes der Ehe bezeichnet zwar eine bestimmte Art sozialen Zusammenlebens als für uns verbindlich, läßt aber durchaus offen, welche strafrechtlichen Folgerungen daraus im einzelnen zu ziehen sind.

Traditionellerweise geht es um zwei Tatbestände, einerseits die Strafbarkeit der Bigamie, der mehrfachen Ehe, an der niemand etwas ändern will, und andererseits die Strafbarkeit des Ehebruchs, von der wir wissen, daß sie immer erst eintrat, wenn die Ehe zerstört war, und wohl niemals einen Ehebruch verhindert hat, aber ihrerseits zu höchst unsittlichen Zwecken benutzt wurde. Wenn man diese Strafnorm jetzt beseitigt hat, so nicht, weil man die Ehe weniger schützen will, sondern nur deshalb, weil man erkannt hat, daß man mit den Mitteln des Strafrechts insoweit nichts Sinnvolles beitragen kann.

Professor Dr. phil. Eleanor von Erdberg: Zu dem Thema „Schädigung der Gesellschaft“ möchte ich eine Frage als Nichtjurist stellen: Leidet durch eine Straftat das Individuum nicht mehr als die Gesellschaft? Die Strafen, die verhängt werden, befriedigen die Gesellschaft, aber keineswegs das geschädigte Individuum. Herr Professor Schultz erwähnte bereits, wie wenig auf dieses Rücksicht genommen wird.

Ist es notwendig, daß Strafe und Wiedergutmachung völlig voneinander getrennt bleiben, oder wäre es möglich, in der Wiedergutmachung eine therapeutische Maßnahme zu sehen, die wohl der Gesellschaft nützt, aber auch dem Geschädigten in größerem Maße gerecht wird? Wäre es nicht leichter, den Straffälligen einzugliedern, wenn er als Mensch seinem Opfer als Einzelwesen – durch Wiedergutmachung – zugeordnet wird, und über diese, psychologisch wohl leichter begehbare Brücke in die Gesellschaft gelangt und die Berechtigung ihrer Forderungen an jedes Individuum bejahen lernt?

Professor Dr. jur. Hans Schultz: Am Anfang des Strafrechts stand die unmittelbare Auseinandersetzung zwischen Täter und Opfer; später übernahm der Staat die Sanktion des Rechtsbruches, und die Interessen des Opfers traten in den Hintergrund. Heute wird nicht nur das Interesse des Opfers vermehrt berücksichtigt, sondern es wird auch, so von Giorgio del Vecchio, eine Strafe gefordert, die nicht dem Täter ein Übel auferlegt, sondern von ihm eine sozial wertvolle Leistung verlangt. Eine so verstandene Strafe könnte insbesondere die Vergütung des dem Opfer gestifteten Schadens sein. Eine andere Frage ist, ob die Rechtsgemeinschaft, verstanden als Gemeinschaft aktueller und potentieller Opfer strafbarer Handlungen, sich mit einem derartigen nicht repressiven Strafrecht abfinden kann. Ich vermute, es werde möglich sein.

Professor Dr. jur. Günter Stratenwerth: Ich darf noch etwas hinzufügen. Unser Alternativ-Entwurf hat vorgeschlagen – und nicht nur er –, den Strafgefangenen für seine Arbeit tarifmäßig zu entlohnen, womit er in erster Linie in den Stand gesetzt werden soll, einen etwa von ihm verursachten Schaden wiedergutzumachen, aber auch, seine Familie zu unterhalten und seine sonstigen Verpflichtungen zu erfüllen. Das ist inzwischen übrigens eine international anerkannte Forderung.

Ein weiteres möchte ich, auch im Anschluß an die vorhin zu den Alternativen für die Freiheitsstrafe gestellten Fragen, noch bemerken. Meine Erfahrungen in Amerika haben mir gezeigt, daß es sinnvoll sein dürfte, kleine Institutionen zu schaffen, in denen vielleicht sechzig Verurteilte zusammenleben, und zwar nicht mehr sozusagen verbannt, abseits anderer menschlicher Ansiedlungen, sondern mitten in den größeren Städten (man benutzt beispielsweise ehemalige Motels dazu), so daß die Täter die Verbindung mit dem normalen Leben nicht verlieren, häufig sogar ihrer bisherigen Arbeit nachgehen können. Der wesentliche Unterschied gegenüber bisherigen halboffenen oder offenen Anstalten liegt in der Dezentralisierung, die viele Nachteile der „klassischen" Freiheitsstrafe vermeidet. Damit bleibt den Verurteilten auch die Möglichkeit, in normaler Weise einem Beruf nachzugehen und dadurch wiederum etwaige Opfer ihrer Straftat zu entschädigen.

Ich glaube, daß die Entwicklung der Freiheitsstrafe bei allen Tätern, die nicht unmittelbar – im Sinne einer wirklichen Bedrohung anderer Rechtsgenossen – gefährlich sind, in diese Richtung gehen wird oder zumindest gehen sollte. Dabei wäre die Einweisung in solche kleine Institutionen mit einem System von Hilfen zu verbinden, der Erleichterung sozialer Anpassung durch Beratung und Betreuung. Der Personalaufwand wäre geringer als beim traditionellen Vollzug und daher der Vollzug, wie die Amerikaner zu ihrer Überraschung festgestellt haben, hier auch erheblich billiger. Obwohl man von einer Abwandlung der bisherigen Freiheitsstrafe sprechen kann, ist der Unterschied doch so wesentlich, daß es sich um eine eigentliche Alternative handelt, zugeschnitten auf andere Personen als diejenigen, für die eine Geldstrafe in Betracht kommt.

Professor Dr. jur. Dieter Nörr: Fraglich bleibt mir das Verhältnis der Alternativen („Vergeltung" und „Therapie") zueinander. In der Praxis wird man sich zwischen ihnen mehr oder weniger sauber hindurchwinden und eine Entscheidung im Einzelfall suchen. Ich glaube nur, daß man die Kombination der Alternativen nicht rein verbal durchführen sollte. Sie sagten zum Beispiel, daß das Therapie-Prinzip nichts Manipulatorisches an sich habe oder daß man es zumindest nicht als Manipulation definieren sollte. Mir scheint, daß man mit dieser Behauptung im Verbalen bleibt. Das Therapieprinzip ist seinem Wesen nach manipulatorisch; denn es soll den Delinquenten dahin bringen, daß er sich mit der Gesellschaft und mit der Rechtsordnung abfindet. Das ist doch der Zweck der Therapie. Damit bekommt die moderne Theorie einen leicht reaktionären Charakter. Man könnte jetzt also umgekehrt die Behauptung wagen, daß allein die klassische Theorie die „fortschrittliche" ist. Sie gibt dem Kriminellen die Möglichkeit zu sagen: Der Freiheitsentzug ist eine Buße, die ich auf mich zu nehmen habe; ich erkenne die Rechtsordnung an. Er hat aber auch die Möglichkeit zu sagen: Diese Rechtsordnung ist nicht die meine; ich arbeite auf ihren Umsturz hin. Vereinfacht gesagt, käme man hiermit zu einem umgekehrten Verhältnis zwischen der konservativen und der modernen Theorie. Die alte Kantsche Theorie würde dann „fortschrittlichen" Gedankengängen mehr entsprechen.

Ein weiterer Punkt: Sie haben in Ihrem Vortrag mit Recht eine deutliche Unterscheidung zwischen einer Entscheidung für eine Wertordnung und einer rationellen Entscheidung gemacht. Ganz genau läßt sich die Grenze sicherlich nicht ziehen. Ich glaube aber, daß man klarer sagen sollte, für welche Wertordnung Sie sich entschieden haben. Sie gehen von dem Grundsatz des „in dubio pro libertate" aus. Aus ihm leiten Sie Folgerungen ab, die in sich wieder als Argumente rationell schlüssig sind. Eine alternative Grundentscheidung wäre etwa die aus dem Grundsatz des social welfare.

Professor Dr. jur. Günter Stratenwerth: Zunächst zu Ihrem ersten Punkt, Herr Nörr.

Ihre Auffassung ist völlig richtig bei denjenigen, die ich hier, ungenau genug, als die „freien" Täter bezeichnet habe, Personen also, die in voller Freiheit wissen, was sie tun, und sich aus irgendwelchen Gründen gegen die rechtliche Ordnung stellen. Diese Täter bilden nicht die Regel. Die meisten

Kriminellen, jedenfalls die habituellen, leiden an ihrer Kriminalität; sie sind – wenn ich so sagen darf – nicht freiwillig kriminell, sondern haben Probleme, mit denen sie nicht fertigwerden, die sie immer wieder mit dem Gesetz in Konflikt bringen. Diese Täter sind meist geradezu dankbar, wenn man ihnen die Möglichkeit eröffnet, aus dem Zirkel des ständigen Rückfalls und weiterer Einsperrung, der die Probleme nur verschärft, herauszukommen. Und wenn man ihnen dabei hilft, dann entwürdigt man sie keineswegs zum Objekt, sondern handelt mit dem vollen Respekt vor der Persönlichkeit. Hier *wollen* die Betroffenen ja doch mit der Gesellschaft in Frieden leben.

Im zweiten Punkt bin ich völlig mit Ihnen einverstanden. Es ist in der Tat meine Auffassung und ich hoffe, das auch klar genug gesagt zu haben, daß alle wissenschaftliche Erkenntnis in einen Bezugsrahmen gehört, der sich seinerseits wissenschaftlich nicht begründen läßt. Dieser Bezugsrahmen liegt darin, daß ich sage: Wir wollen eine offene, eine freiheitliche Ordnung; das ist die Vorentscheidung.

Der Mangel an Rationalität, den ich den hier kritisierten Autoren vorwerfe, liegt nicht darin, daß sie etwa eine andere Grundentscheidung getroffen hätten, sondern darin, daß sie eben diese Grundentscheidung verbal vollziehen, aber dann nicht durchhalten, daß zwar die Rede davon ist, daß das Strafrecht nicht die Sittlichkeit zu verordnen habe, daraus aber bei umstrittenen Verhaltensweisen *nicht* die Konsequenzen gezogen werden.

Professor Dr. jur. Günter Warda: Ich möchte noch eine ergänzende Frage an Herrn Schultz richten.

Sie haben unter den Möglichkeiten, die Freiheitsstrafe abzulösen oder zumindest zu ergänzen, unter anderem die Verpflichtung zu gemeinnütziger Arbeit genannt. Wenn sich ein solches Institut wirklich praktikabel gestalten ließe, dann wäre es ganz sicher eine erstrebenswerte Möglichkeit, auf diese Weise die Freiheitsstrafe doch erheblich einzuschränken.

Entsprechenden Bestrebungen, die in der Bundesrepublik in dieser Weise vorangetrieben worden sind und auch im Alternativ-Entwurf ihren Niederschlag gefunden haben, wird aber immer entgegengehalten, daß die praktischen Schwierigkeiten, daraus etwas Vernünftiges zu machen, viel zu groß seien.

Mich würde nun einmal interessieren, welche praktischen Erfahrungen Sie im Auge haben, wenn Sie diese Möglichkeit besonders empfehlen. Und weiter: Würden Sie keine Bedenken haben, dem Betroffenen eine solche Arbeitsleistung gegen seinen Willen aufzuerlegen? Das ist eine der Fragen, die bei der Diskussion des Alternativ-Entwurfs eine große Rolle gespielt haben. Wie sind die rechtlichen Regelungen, innerhalb deren diese Möglichkeit besteht, auch in bezug auf die Frage des Erfordernisses der Zustimmung oder des Einverständnisses des Betroffenen? Und was können Sie über die Praktikabilität auf Grund der Erfahrungen in der Sehweise berichten?

Professor Dr. jur. Hans Schultz: Diese Möglichkeit ist durch den Bundesratsbeschluß über den Vollzug der Haftstrafe an Dienstverweigerern aus Gewissensgründen vom 14. 2. 1968 eingeführt worden und soll sich bewährt haben.

Professor Dr. jur. Günter Warda: Das ist nun ein spezieller Fall, nämlich die Gestaltung des sogenannten Ersatzdienstes für Wehrdienstverweigerer.

Professor Dr. jur. Hans Schultz: Nein, es handelt sich um wegen Verweigerung des Militärdienstes strafrechtlich Verurteilte. Dieselbe Art des Strafvollzuges kann aber auch anderen Verurteilten gegenüber verwirklicht werden.

Professor Dr. jur. Hans Welzel: Nun möchte ich mich grundsätzlich zu *beiden* Vorträgen äußern, und zwar zunächst zu dem Vortrag von Herrn Stratenwerth.

Ich bin dankbar dafür, Herr Stratenwerth, daß Sie einmal rückblickend ein heute allzuselten aufgebrachtes Verständnis für die Arbeit der ersten (Großen) Strafrechtskommission gezeigt haben:

Sie begann ihre Arbeit im Jahre 1954 und beendete sie im Jahre 1959. Das war eine Zeit, die wesentlich retrospektiv gerichtet war und davon ausging, was im „Dritten Reich" geschehen war; davon wollte sie entschieden abrücken.

Sie haben dabei ein Zitat von Eberhard Schmidt gebracht. Er würde heute erschrecken, wenn er das Zitat noch einmal hörte, gerade weil Eberhard Schmidt einer der Männer ist, die Ihrem Alternativ-Entwurf am nächsten stehen. – Es wird zu wenig zum Ausdruck gebracht, daß es Epochenverschiebungen gibt: Das sechste Jahrzehnt dieses Jahrhunderts war entscheidend durch den Rückblick auf das „Dritte Reich" bestimmt. Dazu kamen zwar einige weitere Dinge, die heute auch überholt sind, das betrifft vor allem das Sittenstrafrecht. Ich erinnere mich noch mit Schrecken an die Beratungen darüber in Passau.

Dennoch muß man dabei bedenken, daß der Entwurf von 1962 nicht mit dem übereinstimmt, was im Jahre 1959 von uns abschließend beschlossen wurde. Wir hatten z. B. mit Mehrheit gegen die Strafbarkeit der einfachen

Homosexualität gestimmt. Diese hat erst die Regierung – es war noch die Regierung Adenauer – *entgegen* unseren Vorschlägen wieder in den Entwurf 1962 hineingebracht.

Es wäre sehr erfreulich, wenn auch andere Mitglieder der Alternativ-Kommission diese Zeitumstände und Fakten beachteten und nicht totschwiegen. Wir stehen jetzt am Beginn des 8. Jahrzehnts, da sieht alles anders als damals aus.

Ich bin also durchaus mit dem einverstanden, was Sie hierzu gesagt haben. Ich bin auch der Meinung, daß man „die faktische Unfreiheit" der meisten, die als *Straftäter* vor Gericht stehen und in die Strafanstalt eingewiesen werden, beachten sollte, um ihnen *helfen* zu können. Sie haben mit vollem Recht die *Resozialisierung* als *Hilfe zur Selbstbestimmung* definiert.

Dennoch ist etwas in Ihrem Vortrag zu kurz gekommen, und ich wäre Ihnen dankbar, wenn Sie dazu noch etwas ergänzend hinzufügen würden. Gewiß ist das alte Vergeltungsstrafrecht, sofern es dem Täter für die frühere Tat nur etwas „aufbrummen" wollte, tot. Die Frage bleibt aber: „Resozialisierung" und „Hilfe zur Selbstbestimmung": wie lange sollen sie dauern und nach welchem Maß? Ich würde meinen, daß noch etwas im Gedanken der „Vergeltung", nämlich der Schuldvergeltung, steckt, was unverlierbar sein sollte: das Maßprinzip für die Strafe; Strafe nach dem Maße der Schuldschwere. Die Frage haben Sie insofern, als Sie meinen, die ganze Strafe solle als Hilfe zur Selbstbestimmung aufgefaßt werden, wie mir scheint, richtig beantwortet. Aber wie lange soll sie dauern?

Professor Dr. jur. Günter Stratenwerth: Ich habe diese Frage beiseite gelassen, weil sie – auch von unserer Gruppe, die den Alternativ-Entwurf verantwortet – schon so oft behandelt worden ist, daß ich die Antwort vorausgesetzt habe. Aber ich gehe natürlich darauf gern noch einmal ein.

Wir haben uns auf den Standpunkt gestellt, daß das Schuldprinzip als limitative Regel beibehalten werden sollte, daß also eine Freiheitsbeschränkung grundsätzlich unter dem Gesichtspunkt der Therapie nicht weiter gehen darf, als sie unter dem Gesichtspunkt der Repression gehen könnte. Meine amerikanischen Eindrücke haben mich, wenn ich sie noch einmal anführen darf, darin bestärkt, besonders die Erfahrung mit der relativ unbestimmten Strafe etwa im kalifornischen System.

In diesen Zusammenhang gehört aber auch das Beispiel von einigen Hundert Internierten, die vor einigen Jahren aus einer amerikanischen Anstalt gleichzeitig entlassen werden mußten, weil eine Entscheidung des Supreme Court das bisherige Verfahren für verfassungswidrig erklärte. Es handelte sich bei allen diesen Personen um solche, die auf Grund psychiatrischer Gutachten als gefährlich angesehen wurden. Mehrere follow-up-Untersuchungen bei den Entlassenen ergaben dann übereinstimmend, daß die Rückfallquote *nicht* höher lag als bei anderen Strafgefangenen. Die Internierung beruhte also auf einer zu hohen Vorhersage hinsichtlich der Gefährlichkeit, einer Vorhersage, die natürlich so lange nicht widerlegt werden konnte, wie die Betroffenen eingesperrt blieben. Solche Erfahrungen mahnen zur Vorsicht.

Eine Gefahr zu weit gehender Eingriffe in die Freiheit besteht auch bei den Maßregeln. Dessen sind wir uns beim Alternativ-Entwurf sehr bewußt gewesen: Wir haben hier die Grenzen durchweg enger gezogen als der Entwurf 1962, die Voraussetzungen vorsichtiger und zurückhaltender bestimmt.

Staatssekretär Professor Dr. h. c., Dr.-Ing. E. h. Leo Brandt: Ich möchte in diesem Zusammenhang eine kleine Bemerkung machen.

Wir hatten in Düsseldorf vor ein paar Wochen den Fall, daß ein Mann, der wegen schwerer Gefährdung der Umwelt durch die Psychiater in die Landesheilanstalt eingewiesen wurde, durch die Nachlässigkeit untergeordneten Personals sozusagen eine Freikarte bekam, hinausging und schnell zwei Frauen umbrachte.

Professor Dr. jur. Hans Welzel: Das ist vor kurzem auch in Bonn passiert.

Professor Dr. phil. habil. Heinrich Lausberg: Hinsichtlich der heute sich in den publizistischen Vordergrund rückenden Begriffe benötigen wir *Begriffsgeschichten,* ähnlich denen, die wir H. Lübbe, J. Ritter, F. Schalk für so manchen Begriff verdanken. Es ist auffällig, wie heute der Begriff der „Manipulation" Abscheu erregt. Vielleicht gibt es eine humane Manipulation, die unnötige Härten vermeidet: die Höflichkeit, die Diplomatie gehören – als Vermeidung der Barbarei – seit einigen Jahrtausenden hierher. Ich sehe in der Manipulation ein ἀδιάφορον. Bei der heutigen Hexenjagd nach aufzudeckenden „Manipulationen" fühlt man sich an den Misanthropen Molières erinnert. Dabei ist die Diffamierung der „Manipulation" ja doch auch eine Manipulation. Wie dem auch sei: eine philologische Begriffsgeschichte täte not. Woher kommt der Begriff? Jost Trier verdanken wir die Einsicht, daß gar manche im geistigen Bereich geläufigen Begriffe Metaphern aus der Arbeitswelt sind: Liegt der „Manipulation" (engl. *manipulation* „dexterous [especially unfair] management of persons or things" [seit 1828]) ein Terminus der Apotheker-Sprache (engl. *manipulation* „the preparation of drugs" [seit 1796]) oder einer anderen Berufssprache zugrunde? So sehr „Manipulation" auch zu einem Tabu-Begriff geworden ist, vor dem der Ausdruck des Abscheus zur Pflicht gemacht wird, so ist doch ein

Denkverbot für die Begriffsgeschichte noch nicht erlassen worden. Allerdings: Begriffsgeschichte bricht Tabus. Begriffsgeschichte ist also gefährlich. Ob der Platon der Zukunft sie – zusammen mit der Dichtung und der Geschichte *tout court* – proskribieren wird?

Professor Dr. med. Werner Th. O. Forßmann: Ich möchte Ihnen als Laie eine Frage vorlegen, die vielleicht nicht in den Rahmen paßt, aber doch wichtig sein könnte.

Es ist natürlich beglückend zu sehen, daß die moderne Strafrechtsreform auf die Resozialisierung und auf die Therapie ausgerichtet ist. Bricht aber nicht doch diese Therapie zu schnell ab und verhindert die Gesellschaft nicht Therapie und Resozialisierung?

Wenn mein Kind ein Delikt begangen hat, dann strafe ich es als Vater, und das Kind ist dann völlig frei. Das ist es nach der Strafverbüßung vom Staat aus formell auch, aber ich als Vater werde das Kind doch vor weiteren Folgen schützen, etwa vor Hänseleien der Geschwister, wie es eben die Altersgenossen tun. Und das tut der Staat nicht!

Hier liegt meiner Meinung nach gerade das Problem bei den kleinen Tätern, beispielsweise denen, die gestohlen haben. Sie finden nie einen Anschluß und rutschen dann weiter ab, sobald ruchbar wird, daß sie wegen Diebstahls gesessen haben.

Ich habe im Kriege ein erschütterndes Erlebnis gehabt: Als ich einmal zu einer Einheit versetzt wurde, kam ein sehr nett aussehender Mann zu mir und sagte: Herr Oberarzt, darf ich für Sie putzen? Ich sagte: Bitte schön. Er antwortete darauf: Ich muß Ihnen aber etwas sagen; ich habe wegen Diebstahls gesessen. Ich habe ihm dann entgegnet: Mein Lieber, Du brauchst ja bei mir nicht zu klauen. Hier sind die Kofferschlüssel. Im Koffer liegen Geld, Schokolade und Zigaretten. Wenn Du etwas nimmst, dann bin ich empfindlich, aber wenn Du Zigaretten haben willst oder wenn Du Geld brauchst, dann kannst Du es mir sagen. Der Mann hielt sich tadellos.

Der Hauptfeldwebel kam zwei Stunden später zu mir und sagte: Den können Sie doch nicht nehmen, denn er ist wegen Diebstahls vorbestraft. Ich antwortete: Lassen Sie es mich einmal machen; ich will es versuchen; ich habe es dem Mann versprochen. Nach acht Wochen kam der Mann zu mir und sagte: Herr Oberarzt, ich bin glücklich, denn ich kann hier bei Ihnen sitzen. Im Kameradenkreis werde ich dauernd gehänselt und man sagt: Das ist der Mann, der wegen Diebstahls gesessen hat. – Der Mann hat sich bei mir tadellos geführt.

Als ich etwa nach einem halben Jahr versetzt wurde, lag er auf den Knien vor mir und bat mich, ich solle ihn doch zu der anderen Einheit mitnehmen.

Ich habe ihm klargemacht, daß das nicht möglich war. Dann habe ich ihn aus den Augen verloren. Später erfuhr ich dann, daß er acht Wochen nach meiner Versetzung, als er nicht mehr bei mir den Halt hatte, wieder rückfällig wurde, was ihm zwei Jahre Torgau einbrachte.

Was kann also der Staat tun, um diese Leute, die guten Willens aus der Strafe herauskommen, wirklich zu resozialisieren und nicht einfach schwimmen zu lassen?

Professor Dr. phil. Gerda von Bredow: Ich wollte dem, was Herr Lausberg vorhin sagte, noch etwas anfügen.

Manipulation und Therapie hängen doch von dem Gesichtspunkt ab, ob man Normen anerkennt oder nicht. Wenn man dem Straffälligen die Freiheit entziehen will, dann setzt man voraus, daß die Normen, gegen die er verstoßen hat, auch sittlich gerechtfertigt sind, so will ich einmal verkürzt sagen.

Wenn man aber von Manipulation spricht, dann setzt man voraus, daß es eine oktroyierte Norm sei. Man könnte dann die Therapie als eine Art Gehirnwäsche interpretieren.

Das erinnert mich an Methoden in China, wie sie Dries van Collie, ein belgischer Pater, in seinem Buch *Der begeisterte Selbstmord* (Verlag Ludwig Auer, Donauwörth o. J.) aus eigenem Erleben schildert. Es ist eine als Therapie getarnte Umerziehung, die in Wirklichkeit eine furchtbare Manipulation des Menschen ist, in der er seine innere Freiheit verliert.

Diese sogenannten Zauberworte sind so gefährlich, weil sie je nach der Position dessen, der sie gebraucht, verschieden interpretiert werden. Sie könnten aber wohl auch einen neutralen, rein deskriptiven Sinn haben.

Ministerialdirigent a. D. Dr. jur., Dr. rer. pol. Leopold-Josef Jansen: Ich wollte mich mit dem, was ich vorbringen möchte, bis zu dem Augenblick zurückhalten, in dem ich annehmen durfte, es würden keine Diskussionsbeiträge mehr beigesteuert werden. Denn meine Ausführungen sind kein Diskussionsbeitrag.

Nachdem allerdings Herr Professor Forßmann etwas Ähnliches vorgetragen hat, wie das, was mich bewegt, möchte ich meine Ausführungen an dieser Stelle machen.

Die beiden Herren Referenten haben ihre Vorträge in weiten Teilen immer wieder auf die Person des Straftäters abgestellt und damit auch auf ihre Besserung. Das bewegt mich, den Herrn Staatssekretär anzuregen, hier im Laufe der Zeit auch einmal einen wissenschaftlichen Vortrag stattfinden zu lassen, der sich mit den Fragen der Resozialisierung befaßt. Ich gehöre dem Verwaltungsausschuß des Landesarbeitsamtes Nordrhein-Westfalen an. Für diejenigen, die möglicherweise nicht wissen, was das ist – ich weiß es auch erst seit einigen Jahren –, darf ich sagen: Das ist für den Bereich der Landesarbeitsverwaltung das oberste Selbstverwaltungsorgan, also das, was in einer Stadt der Rat der Stadt ist. Und noch vorgestern haben wir in einer Sitzung dieses Verwaltungsausschusses zwei Vorträge gehört, in denen die Frage behandelt wurde, wie man die Menschen, die eine Freiheitsstrafe abgesessen haben, wieder in Arbeit bringen kann. Ich brauche nicht zu erwähnen, daß dies ein besonderes Anliegen sowohl des Justizministeriums in Bonn als auch desjenigen des Landes Nordrhein-Westfalen ist. Neuerlich noch hat sich Herr Justizminister Neuberger in einem Erlaß mit dieser Frage auseinandergesetzt.

Gestatten Sie mir nun, daß ich Ihnen mit wenigen Sätzen etwas zu dem sage, was mich auf der genannten Tagung besonders beeindruckt hat. Da wurden Teile aus dem Brief eines Menschen verlesen, der vor seiner Verurteilung zu einer längeren Gefängnisstrafe Geschäftsführer eines Unternehmens gewesen war und sich, nachdem er schon monatelang aus dem Gefängnis entlassen war, immer wieder vergeblich bemüht hatte, eine neue Tätigkeit zu bekommen. Der Mann war noch ziemlich jung, aus seinem verzweifelten Hilfeschreiben durfte man auch folgern, daß er möglicherweise nicht rückfällig werden würde, aber wenn er bekannte oder bekennen mußte, daß er im Gefängnis gesessen hatte und vorher Geschäftsführer gewesen war, war es immer wieder aus. Dieses Beispiel zeigt wohl in krasser Weise, daß die Absitzung der Freiheitsstrafe die Strafe nicht beendet. Gleichwohl will mir scheinen, daß ein solcher Mensch auch nach seiner Strafverbüßung mehr „bestraft" bleibt als andere, die nachher, wie vordem, wieder Schlosser, Schweißer usw. werden oder in einer einschlägigen Lehranstalt für Strafgefangene – so in Bochum – leichter als dieser auf eine solche Tätigkeit vorbereitet werden. Und auch solche ehemaligen Strafgefangenen haben es ja oft bei ihrem Bemühen um Wiederunterbringung schwer genug.

Ich bin kein Strafjurist, aber ich meine mich zu erinnern, daß Straftäter seit einiger Zeit die Strafe nicht mehr abzusitzen brauchen, wenn sie zu einer Freiheitsstrafe von weniger als sechs Monaten verurteilt worden sind. Ich stellte daher auf der besagten Tagung die Frage, wie es denn nun mit einem Straftäter bestellt sei, der zu einer Freiheitsstrafe von weniger als sechs Monaten verurteilt worden ist, sie also nicht abzusitzen braucht, von seinem Arbeitgeber jedoch fristlos entlassen wird. Mir wurde gesagt, daß das auf den Fall ankomme. Nicht jeder werde entlassen, aber es gebe viele Fälle, wo die Betreffenden entlassen würden.

Meine Damen und Herren, das steht also dem Fall gleich, in dem der Betreffende eingesessen hat und dann nur mit Schwierigkeit resozialisiert werden kann. Daher die Frage, ob es nicht wenigstens in den Fällen die Möglichkeit geben sollte, dem abzuhelfen, in denen die Betreffenden nicht einzusitzen brauchen.

Zum Schluß noch dies: Ich weiß nicht, ob das Problem, das ich hier vorgetragen habe, überhaupt einer wissenschaftlichen Behandlung fähig ist. Wenn ja, so meine ich, Herr Staatssekretär, könnte ein einschlägiger Vortrag, auch wenn er erst in einiger Zeit stattfinden sollte, eine Fortsetzung dessen sein, was wir heute gehört haben. Denn weitestgehend waren doch diese Vorträge auf die Würde des Menschen abgestellt.

Professor Dr. jur. Günter Stratenwerth: Ich will versuchen, zu den vielfältigen Diskussionsbeiträgen, die inzwischen vorliegen, noch ein Wort zu sagen, und zwar zunächst einmal zu den terminologischen Bemerkungen.

Es scheint mir klar, daß die Begriffe „Manipulation" und „Therapie" ihrerseits in gewissen Grenzen manipuliert, d. h. propagandistisch benützt werden. Ich habe diese Propaganda durchaus bewußt betrieben. Allerdings würde ich meinen, daß man von „Therapie" nur sprechen sollte, wo wir jemandem dazu verhelfen, Normen faktisch zu respektieren, die er respektieren möchte, weil sich nur so Konflikte mit der Gesellschaft vermeiden lassen. Von „Manipulation" wäre demgegenüber zu sprechen, wo versucht wird, jemanden gegen seine innerste Überzeugung und seinen (wenn ich so sagen darf) eigentlichen sittlichen Willen umzuprägen. Diese Unterscheidung hat in unserem Kontext ihren guten Sinn – propagandistische Nebeneffekte zugestanden.

Sodann zu den Bemerkungen von Herrn Forßmann und Herrn Jansen: Ich würde sagen: Die Diskriminierung des Straftäters ist im allgemeinen desto geringer, je weniger weit man ihn von der normalen Gesellschaft entfernt. Das sieht man in der Praxis sehr deutlich. Wer aus der Strafanstalt zurückkehrt, ist der Diskriminierung stärker unterworfen als derjenige, dessen Strafe zur Bewährung ausgesetzt wird. Ganz läßt sich diese Folge nicht vermeiden: Ich habe zu zeigen versucht, daß sich mit der Verurteilung bestimmten Verhaltens immer ein Unwerturteil hinsichtlich der Person verbindet. Die Schwierigkeit liegt gerade darin, daß sich die Bereitschaft, den Verurteilten zu akzeptieren und ihm zu helfen, *gegen* dieses Unwerturteil durchsetzen muß.

Ich habe jedoch den Eindruck, daß solche Bereitschaft wächst. Ich sehe das als Deutscher jedenfalls in der Schweiz, in der doch die sozialen Werturteile im Grunde noch viel rigoroser sind als in Deutschland, das dank vielfältiger sozialer Umschichtungen sehr viel „liberaler" geworden ist. Es macht kaum noch Schwierigkeiten, einem entlassenen Strafgefangenen Arbeit zu verschaffen, und dies nicht nur aus Gründen der Konjunktur; man findet nicht selten Arbeitgeber, die bereit sind, gerade einem Strafentlassenen zu helfen.

Natürlich ist das mit einer Straftat verbundene Risiko desto größer, je höher die Position ist, die man innehat. Die Folgen der Verbüßung einer Strafe oder auch nur der Verurteilung sind je nach der sozialen Stufe, auf der man steht, sehr verschieden. Das können wir nicht ändern.

Professor Dr. jur. Hans Schultz: Die Behandlung des Verurteilten im Strafvollzug kann nicht als Manipulation angesehen werden, weil offen dargelegt wird, zur Beachtung welcher Normen der Verurteilte gebracht werden soll, nämlich zur Befolgung der Gebote der Rechtsordnung.

Bedauerlicherweise wird die Resozialisierung der Verurteilten durch die Haltung der Gesellschaft gegenüber dem aus der Strafanstalt Entlassenen erschwert, doch ist heute vielleicht die Bereitschaft, eine Gruppe von Außenseitern anzuerkennen, größer geworden.

Die Delikte im Straßenverkehr stellen besondere Probleme. Entscheidend wichtig ist, daß die strafrechtliche Beurteilung nicht vom häufig mehr oder weniger zufälligen Erfolg, den ein vorschriftswidriges Verhalten herbeigeführt hat, ausgeht, sondern davon, ob und in welcher Weise grundlegende Verkehrsregeln bewußt und rücksichtslos mißachtet worden sind.

VERÖFFENTLICHUNGEN
DER ARBEITSGEMEINSCHAFT FÜR FORSCHUNG
DES LANDES NORDRHEIN-WESTFALEN

Neuerscheinungen 1965 bis 1970

GEISTESWISSENSCHAFTEN

AGF-G Heft Nr.		
61	*Ulrich Scheuner, Bonn*	Die Neutralität im heutigen Völkerrecht
101	*Ivor Jennings†, Cambridge (England)*	Die Umwandlung von Geschichte in Gesetz
120	*Eleanor von Erdberg-Consten, Aachen*	Kunst und Religion in Indien, China und Japan
122	*Franz Wieacker, Göttingen*	Zum heutigen Stand der Naturrechtsdiskussion
123	*Bernhard Kötting, Münster*	Der frühchristliche Reliquienkult und die Bestattung im Kirchengebäude
124	*Günther Stökl, Köln*	Das Bild des Abendlandes in den altrussischen Chroniken
125	*Joseph Höffner, Münster*	Selbstverständnis und Perspektiven des Zweiten Vatikanischen Konzils
126	*Jost Trier, Münster*	Wortgeschichten aus alten Gemeinden
127	*Herbert Dieckmann, Cambridge (USA)*	Die künstlerische Form des Rêve de D'Alembert
128	*Hans Welzel, Bonn*	An den Grenzen des Rechts. Die Frage nach der Rechtsgeltung
129	*Paul Mikat, Düsseldorf*	Das Verhältnis von Kirche und Staat im Lande Nordrhein-Westfalen in Geschichte und Gegenwart
130	*Ernst Langlotz, Bonn*	Die kulturelle und künstlerische Hellenisierung der Küsten des Mittelmeers durch die Stadt Phokaia
131	*Harry Westermann, Münster*	Das Verhältnis zwischen Bergbau und öffentlichen Verkehrsanstalten als Gegenstand richterlicher und gesetzgeberischer Bewertung
132	*Werner Schulemann, Bonn*	Die Kunst Zentralasiens als Ausdrucksform religiösen Denkens
	Walther Heissig, Bonn	Tibet und die Mongolei als literarische Provinzen
133	*Tilemann Grimm, Bochum*	China und Südostasien in Geschichte und Gegenwart
134	*Peter Berghaus und Karl Schneider, Münster*	Anglo-friesische Runensolidi im Lichte des Neufundes von Schweindorf (Ostfriesland)
135	*Benno von Wiese, Bonn*	Goethe und Schiller im wechselseitigen Vor-Urteil
136	*Gotthard Günther, University of Illinois (USA)*	Logik, Zeit, Emanation und Evolution
137	*Karl Heinrich Rengstorf, Münster*	Die Re-Investitur des Verlorenen Sohnes in der Gleichniserzählung Jesu Luk. 15, 11-32
138	*Gerhard Gloege, Bonn*	Die Todesstrafe als theologisches Problem
139	*Joseph Ratzinger, Tübingen*	Das Problem der Dogmengeschichte in der Sicht der katholischen Theologie
140	*Herbert von Einem, Bonn*	Masaccios „Zinsgroschen"
141	*Karl Gustav Fellerer, Köln*	Klang und Struktur in der abendländischen Musik
142	*Joh. Leo Weisgerber, Bonn*	Die Sprachgemeinschaft als Gegenstand sprachwissenschaftlicher Forschung
143	*Wilhelm Ebel, Göttingen*	Lübisches Recht im Ostseeraum
144	*Albrecht Dihle, Köln*	Der Kanon der zwei Tugenden

145	*Heinz-Dietrich Wendland, Münster*	Die Ökumenische Bewegung und das II. Vatikanische Konzil
146	*Hubert Jedin, Bonn*	Vaticanum II und Tridentinum
147	*Helmut Schelsky, Münster*	Schwerpunktbildung der Forschung in einem Lande
	Ludwig E. Feinendegen, Jülich	Forschungszusammenarbeit benachbarter Disziplinen am Beispiel der Lebenswissenschaften in ihrem Zusammenhang mit dem Atomgebiet
148	*Herbert von Einem, Bonn*	Die Tragödie der Karlsfresken Alfred Rethels
149	*Carl A. Willemsen, Bonn*	Die Bauten der Hohenstaufen in Süditalien. Neue Grabungs- und Forschungsergebnisse
150	*Hans Flasche, Hamburg*	Die Struktur des Auto Sacramental „Los Encantos de la Culpa" von Calderón
		Antiker Mythos in christlicher Umprägung
151	*Joseph Henninger, Bonn*	Über Lebensraum und Lebensformen der Frühsemiten
152	*François Seydoux de Clausonne, Bonn*	Betrachtungen über die deutsch-französischen Beziehungen von Briand bis de Gaulle
153	*Günter Kahle, Köln*	Bartolomé de las Casas
154	*Johannes Holthusen, Bochum*	Prinzipien der Komposition und des Erzählens bei Dostojevskij
155	*Paul Mikat, Düsseldorf*	Die Bedeutung der Begriffe Stasis und Aponoia für das Verständnis des 1. Clemensbriefes
156	*Dieter Nörr, Münster*	Die Entstehung der *longi temporis praescriptio.* Studien zum Einfluß der Zeit im Recht und zur Rechtspolitik in der Kaiserzeit
157	*Theodor Schieder, Köln*	Zum Problem des Staatenpluralismus in der modernen Welt
158	*Ludwig Landgrebe, Köln*	Über einige Grundfragen der Philosophie der Politik
159	*Hans Erich Stier, Münster*	Die geschichtliche Bedeutung des Hellenennamens
160	*Friedrich Halstenberg, Düsseldorf*	Nordrhein-Westfalen im nordwesteuropäischen Raum: Aufgaben und Probleme gemeinsamer Planung und Entwicklung
161	*Wilhelm Hennis, Freiburg i. Br.*	Demokratisierung — Zur Problematik eines Begriffs
162	*Günter Stratenwerth, Basel*	Leitprinzipien der Strafrechtsreform
	Hans Schulz, Bern	Kriminalpolitische Aspekte der Strafrechtsreform

WISSENSCHAFTLICHE ABHANDLUNGEN

AGF-WA Band Nr.		
1	*Wolfgang Priester, Hans-Gerhard Bennewitz und Peter Lengrüßer, Bonn*	Radiobeobachtungen des ersten künstlichen Erdsatelliten
2	*Joh. Leo Weisgerber, Bonn*	Verschiebungen in der sprachlichen Einschätzung von Menschen und Sachen
3	*Erich Meuthen, Marburg*	Die letzten Jahre des Nikolaus von Kues
4	*Hans-Georg Kirchhoff, Rommerskirchen*	Die staatliche Sozialpolitik im Ruhrbergbau 1871–1914
5	*Günther Jachmann, Köln*	Der homerische Schiffskatalog und die Ilias
6	*Peter Hartmann, Münster*	Das Wort als Name (Struktur, Konstitution und Leistung der benennenden Bestimmung)
7	*Anton Moortgat, Berlin*	Archäologische Forschungen der Max-Freiherr-von-Oppenheim-Stiftung im nördlichen Mesopotamien 1956
8	*Wolfgang Priester und Gerhard Hergenhahn, Bonn*	Bahnbestimmung von Erdsatelliten aus Doppler-Effekt-Messungen
9	*Harry Westermann, Münster*	Welche gesetzlichen Maßnahmen zur Luftreinhaltung und zur Verbesserung des Nachbarrechts sind erforderlich?
10	*Hermann Conrad und Gerd Kleinheyer, Bonn*	Vorträge über Recht und Staat von Carl Gottlieb Svarez (1746–1798)
11	*Georg Schreiber†, Münster*	Die Wochentage im Erlebnis der Ostkirche und des christlichen Abendlandes
12	*Günther Bandmann, Bonn*	Melancholie und Musik. Ikonographische Studien
13	*Wilhelm Goerdt, Münster*	Fragen der Philosophie. Ein Materialbeitrag zur Erforschung der Sowjetphilosophie im Spiegel der Zeitschrift „Voprosy Filosofii" 1947–1956
14	*Anton Moortgat, Berlin*	Tell Chuēra in Nordost-Syrien. Vorläufiger Bericht über die Grabung 1958
15	*Gerd Dicke, Krefeld*	Der Identitätsgedanke bei Feuerbach und Marx
16a	*Helmut Gipper, Bonn, und Hans Schwarz, Münster*	Bibliographisches Handbuch zur Sprachinhaltsforschung, Teil I. Schrifttum zur Sprachinhaltsforschung in alphabetischer Folge nach Verfassern – mit Besprechungen und Inhaltshinweisen (Erscheint in Lieferungen: bisher Bd. I, Lfg. 1–7; Lfg. 8–11)
17	*Thea Buyken, Bonn*	Das römische Recht in den Constitutionen von Melfi
18	*Lee E. Farr, Brookhaven, Hugo Wilhelm Knipping, Köln, und William H. Lewis, New York*	Nuklearmedizin in der Klinik. Symposion in Köln und Jülich unter besonderer Berücksichtigung der Krebs- und Kreislaufkrankheiten
19	*Hans Schwippert, Düsseldorf, Volker Aschoff, Aachen, u. a.*	Das Karl-Arnold-Haus. Haus der Wissenschaften der Arbeitsgemeinschaft für Forschung des Landes Nordrhein-Westfalen in Düsseldorf. Planungs- und Bauberichte (Herausgegeben von Leo Brandt, Düsseldorf)
20	*Theodor Schieder, Köln*	Das deutsche Kaiserreich von 1871 als Nationalstaat
21	*Georg Schreiber†, Münster*	Der Bergbau in Geschichte, Ethos und Sakralkultur
22	*Max Braubach, Bonn*	Die Geheimdiplomatie des Prinzen Eugen von Savoyen
23	*Walter F. Schirmer, Bonn, und Ulrich Broich, Göttingen*	Studien zum literarischen Patronat im England des 12. Jahrhunderts
24	*Anton Moortgat, Berlin*	Tell Chuēra in Nordost-Syrien. Vorläufiger Bericht über die dritte Grabungskampagne 1960
25	*Margarete Newels, Bonn*	Poetica de Aristoteles traducida de latin. Ilustrada y comentada por Juan Pablo Martir Rizo (erste kritische Ausgabe des spanischen Textes)
26	*Vilho Niitemaa, Turku, Pentti Renvall, Helsinki, Erich Kunze, Helsinki, und Oscar Nikula, Åbo*	Finnland – gestern und heute

27	*Ahasver von Brandt, Heidelberg, Paul Johansen, Hamburg, Hans van Werveke, Gent, Kjell Kumlien, Stockholm, Hermann Kellenbenz, Köln*	Die Deutsche Hanse als Mittler zwischen Ost und West
28	*Hermann Conrad, Gerd Kleinheyer, Thea Buyken und Martin Herold, Bonn*	Recht und Verfassung des Reiches in der Zeit Maria Theresias. Die Vorträge zum Unterricht des Erzherzogs Joseph im Natur- und Völkerrecht sowie im Deutschen Staats- und Lehnrecht
29	*Erich Dinkler, Heidelberg*	Das Apsismosaik von S. Apollinare in Classe
30	*Walther Hubatsch, Bonn, Bernhard Stasiewski, Bonn, Reinhard Wittram, Göttingen, Ludwig Petry, Mainz, und Erich Keyser, Marburg (Lahn)*	Deutsche Universitäten und Hochschulen im Osten
31	*Anton Moortgat, Berlin*	Tell Chuēra in Nordost-Syrien. Bericht über die vierte Grabungskampagne 1963
32	*Albrecht Dihle, Köln*	Umstrittene Daten. Untersuchungen zum Auftreten der Griechen am Roten Meer
33	*Heinrich Behnke und Klaus Kopfermann (Hrsgb.), Münster*	Festschrift zur Gedächtnisfeier für Karl Weierstraß 1815–1965
34	*Joh. Leo Weisgerber, Bonn*	Die Namen der Ubier
35	*Otto Sandrock, Bonn*	Zur ergänzenden Vertragsauslegung im materiellen und internationalen Schuldvertragsrecht. Methodologische Untersuchungen zur Rechtsquellenlehre im Schuldvertragsrecht
36	*Iselin Gundermann, Bonn*	Untersuchungen zum Gebetbüchlein der Herzogin Dorothea von Preußen
37	*Ulrich Eisenhardt, Bonn*	Die weltliche Gerichtsbarkeit der Offizialate in Köln, Bonn und Werl im 18. Jahrhundert
38	*Max Braubach, Bonn*	Bonner Professoren und Studenten in den Revolutionsjahren 1848/49
39	*Henning Bock (Bearb.), Berlin*	Adolf von Hildebrand Gesammelte Schriften zur Kunst
40	*Geo Widengren, Uppsala*	Der Feudalismus im alten Iran

Sonderreihe
PAPYROLOGICA COLONIENSIA

Vol. I *Aloys Kehl, Köln*	Der Psalmenkommentar von Tura, Quaternio IX (Pap. Colon. Theol. 1)
Vol. II *Erich Lüddeckens, Würzburg* *P. Angelicus Kropp O. P., Klausen* *Alfred Hermann und Manfred Weber, Köln*	Demotische und Koptische Texte
Vol. III *Stephanie West, Oxford*	The Ptolemaic Papyri of Homer
Vol. IV *Ursula Hagedorn und Dieter Hagedorn, Köln* *Louise C. Youtie und Herbert C. Youtie, Ann Arbor (Hrsgb.)*	Das Archiv des Petaus (P. Petaus)

SONDERVERÖFFENTLICHUNGEN

Herausgeber: Der Ministerpräsident des Landes Nordrhein-Westfalen – Landesamt für Forschung –	Jahrbuch 1963, 1964, 1965, 1966, 1967, 1968 und 1969 des Landesamtes für Forschung

Verzeichnisse sämtlicher Veröffentlichungen der Arbeitsgemeinschaft für Forschung des Landes Nordrhein-Westfalen können beim Westdeutschen Verlag GmbH, 567 Opladen, Ophovener Str. 1–3, angefordert werden.

GPSR Compliance

The European Union's (EU) General Product Safety Regulation (GPSR) is a set of rules that requires consumer products to be safe and our obligations to ensure this.

If you have any concerns about our products, you can contact us on ProductSafety@springernature.com

In case Publisher is established outside the EU, the EU authorized representative is:

Springer Nature Customer Service Center GmbH
Europaplatz 3
69115 Heidelberg, Germany

Batch number: 10809636

Printed by Printforce, the Netherlands